MONEY
머니 카 피
COPY

익을 10배로 복사하는 투자의 기술

MONEY

머 니 카 피

COPY

테이버(김태형) 지음

경이로움

산업 자본주의를 지나 금융 자본주의로 전환되는 요즘, 경제 구조적 변화와 개별 주식에 대해 종합적으로 이해하고 예측한다는 것은 거의 불가능에 가까울 만큼 복잡해지고 있습니다. 이런 가운데 거시경제와 개별 주식에 대해 잘 안다고 단언하는 사람이 있다면 그 말은 진실이라고 보기 어렵습니다.

그러나 안 되는 일이라고 포기하긴 이릅니다. 경제와 주식에 대해 우리가 할 수 있는 것부터 하나씩 분석하고 이유를 찾다 보면 길을 찾을 수 있습니다.

'설명왕 BJ 테이버'의 본질을 꿰뚫는 설명과 실전 투자 경험에서 나온 주가 현상에 대한 고찰은 경제와 주식을 함께 이해하는 것이 가능함을 보여줍니다.

본질과 실제 현상. 그것을 꿰뚫는 칼 같은 설명!『머니카피』가 곧 성공카피 그리고 행복카피가 될 것입니다.

㈜아프리카TV CBO 서수길

지도상에 많은 길이 있듯, 사람의 미래에도 많은 길이 있습니다. 가르쳐준 길을 그대로 따라 걷기보다, 아무도 가지 않은 자신만의 길을 스스로 개척한 제자의 행보가 용기 있다고 생각합니다.

모두가 수익에만 연연하는 이때, 학자적인 탐구력을 발휘하여 주식의 근원부터 탐구한 결과물을 보니 언젠가 다시 학업의 길로 돌아와도 그 미래가 밝지 않을까 하는 기대도 해봅니다. 주식의 본질과 자신만의 투자법을 연구한 설명이 학자의 눈으로 보아도 무척 흥미롭고 유익합니다.

대학 전공이라는 길에서는 벗어났지만 새로운 길에서 많은 사람들과 함께 성공하는 미래를 찾아가기를, 그리고 이 책을 읽는 많은 사람들 역시 좋은 길을 찾을 수 있기를 소망합니다.

광운대학교 환경공학과 교수 최상일

아프리카TV 경제 방송 1위 설명왕 테이버입니다

아프리카TV에서 경제 방송을 한 이유

아프리카TV에서 방송을 시작한 때는 2018년 9월이었습니다. 처음 1년은 주제를 특정하지 않고 방송을 했습니다. 그러다 2019년 '한일 무역 분쟁'과 'D디플레이션, 경기 침체의 공포'라는 큰 이슈가 떠오르면서 주식 투자를 하는 시청자들이 이런 질문을 많이 하시더라고요. "도대체 왜 이렇게 주가가 빠지나요?" "어떻게 대응해야 될까요?" 필자는 나름 10년 넘게 주식 시장에 참여한 투자자로서 이야깃거리가 많았습니다.

그렇게 아프리카TV에서 처음 '경제'를 말하기 시작했습니다. 여러 참여자들과 주식에 대해, 또 경제에 대해 의견을 나누고 분석하면서 필자만의 경제 방송을 만들어갔습니다. 그리고 2020년, 코로나19 사태가 발생하면서 주식에 대한 개인 투자자의 관심이 폭발했죠. 이 시기에 '주식'을 말하는 사람들도 늘어났습니다. 그러나 시청자들이 어려워하는 것은 경제였습니다.

경제는 수학에서 '공식' 같은 개념입니다. 주식 투자에서 최고의 수익률이라는 결과값을 얻으려면, 경제라는 공식을 잘 활용해야 합니다. 하지만 많은 투자자들이 공식보다는 결과에만 집중합니다. 그러다 보니 정작 주가가 상승하는 이유와 하락하는 이유는 모르는 경우가 많습니다. 큰 수익이 발생하면 기쁘지만 큰 손실이 발생하면 그 이유를 몰라 '멘붕'에 빠지는 것이죠.

적어도 가까이 알고 지내는 지인만큼은 안전하게 부자가 되었으면 하는 바람을 담아, 그때부터 본격적으로 방송 콘셉트를 '경제'로 잡았습니다. 이후 매일 밤 찾아오는 시청자가 점점 늘었고, 그 결과 평균 시청차 수 1,000명, 교양/학습 방송분야 1위라는 성과를 달성했습니다.

그래서 주식 수익률은 얼마예요?

아프리카TV는 소통이 생명인데요, 몇 년간 경제 방송을 진행하면서 필자가 가장 많이 받은 질문은 무엇일까요? 바로 "수익률은 얼마입니까?"라는 것입니다. 필자는 개인적으로 시장을 압도하는 수준의 수익률을 기록하는 투자자는 아닙니다. 예를 들어 코스피가 10% 상승하면 필자는 20% 정도의 수익률을 목표로 잡고 경제와 시황, 기업 보고서와 뉴스를 읽고 전략을 짭니다. 여기서 가장 중요한 점은 "꾸준히 시장 수익률(지수 상승분)을 상회할 수 있는가?"라는 것입니다. 주식 투자에서 관심을 끄는 부분은 "수익률 10배!" "1억 원으로 100억 원 만들었습니다."라고 표현되는 '결과'입니다. 하지만 결과는 이미 지나간 과거의 일입니다. 시간을 되돌릴 수 있는 능력이 없는 한 결과를 똑같이 만들어낼 수 없습니다. 그렇기에 미래를 준비하는 자세가 무엇보다 중요합니다.

필자는 삼성바이오로직스(이하 삼바)가 상장되었을 당시 장기 투자를 목표로 매수했습니다. 하지만 1년 6개월가량 꾸준히 우상향한 삼바의 매수 가격이 3배를 달성했을 때 전량 매도했습니다. 아직 이재용 부회장 구속이라는 '오너 리스크'가 터지기 전이라 매도를 고민하는 사람은 많지 않았습니다. 그러나 필자가 보기에 17만 원이었던 주가가 실적이 뒷받침되지 않는 상황에서 50만 원 가까이 상승한 것은 다소 의아했습니다. 실적 증가 속도와 공장 증설 속도, 미래 가치 등을 고민한 필자는 결국 팔기로 했고 결과적으로 성공적인 매도가 되었습니다. (이후 오너 리스크가 발생해 주가는 반 토막이 났죠.)

한편 동일한 기간에 투자한 카카오는 손해를 봤습니다. 매수 시점에 10만 원 수준이던 주가가 7만 원까지 하락했죠. 다행히 삼바와 카카오를 비슷한 비율로 투자했기에 전체 계좌를 기준으로 보면 **익절**¹⁾에 성공했는데요, 동일한 기간에 겪은 성공과 실패 경험을 통해 좋은 교훈을 얻었습니다.

사실 인상적인 투자 경험은 따로 있습니다. 주식 초보 시절에 겪은 2010년 금호타이어 **워크아웃**²⁾입니다. 당시 금호타이어는 글로벌 타이어 판매량 톱 5 안에 드는 우량 기업이었습니다. 하지만 과도한 부채와 그룹사의 부실로 2009년 12월 워크아웃을 발표합니다. 2008년 리먼 브라더스 사태로 한 차례 폭락한 금호타이어의 주가는 워크아웃 발표로 바닥을 뚫고 더 아래로 떨어졌습니다. 2007년 1주당 5만 원(감자³⁾ 전 기준 15만 원) 수준에서 2010년 1월 9,000원(감자 전 기준 1만 8,000원)까지 무려 80% 넘게 급락했죠. 그때 필자는 **무상감자**⁴⁾나 유상증자 등의 재무 개선 계획에 대해 무지했기에 금호타이어라는 '이름'만 보고 투자를 했는데요, 초심자의 운인지 금호타이어는 8월까지 꾸준히 우상향하면서 단기간에 50% 이상의 수익을 안겨줬습니다. 아르바이트를 하면서 모은 돈으로 만든 소중한 수익은 지속적으로 익절하면서 생활비로 사용

···························

1) 매수한 가격보다 높은 가격으로 이익을 보고 파는 것.
2) Workout. 기업 도산 등을 피하기 위해 채무자와 채권자가 해결 방법을 모색하는 행위를 말한다. 워크아웃의 목적을 달성하기 위해서는 우선 해당 기업이 금융기관의 빚을 갚으려는 노력을 해야 한다. 그러나 대부분의 경우 기업 스스로 해결하기가 불가능하기 때문에 부채 상환을 유예하고 빚을 탕감해주며, 필요에 따라서는 신규 자금도 지원해야 하는 등 금융기관의 손실 분담이 같이 이루어진다.
3) 주식회사가 주식 금액이나 주식 수의 감면 등을 통해 자본금을 줄이는 것으로, 증자(增資)에 대비되는 개념이다. 감자의 방법으로는 주식의 액면금액을 감액하는 방법, 주식소각(消却)이나 주식병합(倂合)을 통해 주식 수를 줄이는 방법, 이 두 가지를 같이 사용하는 방법 등이 있다.
4) 기업에서 감자를 할 때 주주들이 아무런 보상도 받지 못한 채 결정된 감자 비율만큼 주식수를 잃게 되는 것.

하기도 하고, 다른 기업에 **물타기**5)를 하기도 했습니다.

　그러던 어느 날 예상치 못한 거래 정지 상황을 마주하게 되었습니다. 투자자들이 흔히 이야기하는 '감자탕'을 먹게 된 것이었죠. 그나마 생활비로 쓰려고 많은 비율을 매도한 상황이라 원금 손실은 없었지만, 시스템을 몰라서 당한 전형적인 주식 초보의 실수였습니다. 이후 공시를 확인하고, 주식 용어를 공부하기 시작했습니다. 당시엔 쉽게 알려주는 블로그나 책이 없어서 스스로 공부하는 것이 쉽지 않았지만, 꾸준히 학습하다 보니 재무제표를 읽는 방법이나 시황을 해석하는 나름의 비결을 터득할 수 있었습니다. 그 결과 2020년 폭락장과 폭등장에서 알맞은 대처를 할 수 있었죠.

　"세 살 버릇 여든까지 간다."라는 속담이 있습니다. 개인적으로 '첫 3년의 주식 투자 습관이 평생 간다.'라고 생각합니다. 이 책은 여러분이 좋은 투자 습관을 기르는 데 필요한 경제 개념들을 알기 쉽게 눌러 담은 기본서입니다. 큰 수익만 좇는 투자자보다는, 확실하고 안정적인 투자를 하기 위한 기초 개념을 공부하려는 분들을 위한 이야기입니다. 그럼 지금부터 시작해보겠습니다.

---

5) 매입한 주식의 가격이 하락할 때 추가로 매입해 평균매입단가를 낮추려는 행위.

차례

Part 1: 주식의 탄생

Part 2: 투자 지표의 이해

Part 3: 자산 시장의 시스템

Part 4: 투자의 격언

우리는 어떤 사람이나 현상을 이해하기 위해 그 사람이 지나온 경험을 궁금해합니다. 현재는 과거의 경험이 만들어낸 결과물이라는 말처럼 주식 투자를 제대로 하려면 시장의 경험을 기억할 필요가 있습니다. 돈 역시 마찬가지입니다. 우리는 자본주의 시대에 살고 있지만 돈에 관해 제대로 된 교육을 받지는 않았죠. 돈을 벌기 위해 투자를 하는데, 그 목적물의 이야기가 가장 중요하다고 생각합니다. Part 1에서는 돈과 주식의 과거를 다루어보겠습니다.

주식의 탄생

돈과 권력,
그리고 부의 재분배

돈과 권력의 역사

자산 시장을 이해하려면 먼저 '돈'에 대해 알아야 합니다. 선사 시
대의 화폐는 조개껍데기나 뾰족하게 가공된 돌, 동물의 뼈와 가죽
등이었습니다. 생존에 필요하거나 몸을 장식할 수 있어 가치가 있
는 것들과 그에 상응하는 물건을 교환하는 '물물 교환' 시스템이
적용되었습니다. 다만 물물 교환 시스템은 가치의 정량화가 불가
능하다는 문제가 있었습니다. 내가 생각하는 조개껍데기의 가치
와 상대방이 생각하는 가치의 차이에서 발생하는 불만족 때문에
해당 시스템의 존속이 불가능해졌습니다.

　찬란한 문명을 이루었던 로마 시대에는 동전 형태의 금화, 은화

가 유통되었습니다. 현대의 화폐와 가장 유사한 형태로 가치를 저장할 수 있었던 당대의 동전은 노예를 사거나 부동산을 구입하는 데 유용하게 쓰였죠. 하지만 이 시스템 역시 문제가 있었습니다. 동전의 유통을 관리하는 기관이 없었기에 위조 동전의 유통을 막을 수 없었습니다. 귀족들은 소유한 금화를 사용하기보다는 저장과 과시의 상징으로 사용하는 경우도 많았습니다.

게다가 '사람'이 가치 교환 수단으로 쓰이기도 했습니다. 로마 시대에는 노예제도와 용병제도가 사회 구조를 유지하는 중요한 역할을 했는데요, 그래서 당시 **데나리우스**[6]라는 은화가 시장에 유통되고 있었음에도 가치 교환의 수단으로 사람을 이용하기도 했습니다. 일반 노예는 1,000 데나리우스의 가치로 거래했고, 특정 기술이 있는 노예는 2,000~3,000 데나리우스에 거래했습니다. 노예가 현대의 고액 수표 정도로 쓰인 것이죠. 참고로 이러한 거래 시스템은 우리나라 역사에서도 발견되었습니다. 10세기 고려 시대 문헌에서 국가가 지정한 노비의 공정 가격에 대한 기록이 발견된 것인데요, 이러한 경제 시스템은 인류 역사의 발전 과정에 등장하는 자연스러운 흐름이었다고 볼 수 있습니다.

물물 교환과 노동력 교환 다음으로 등장한 기초 자산은 유럽 국가들이 대항해 시대를 열면서 들여온 남아메리카의 금과 은이었습니다. 로마 시대 이후 중세 시대가 도래했고, 왕에게 토지를

....

6) Denarius(라틴어). 데나리우스 또는 데나리온. 로마 시대 화폐 중 하나.

받은 영주들이 등장했습니다. 각 영주들의 땅에서 나는 곡물과 특산품, 그리고 영주들이 확보한 노동력과 군사력으로 경제와 사회 시스템을 유지했습니다. 이는 선사·로마 시대의 경제 시스템과 별다를 것이 없었죠. 그러다 크리스토퍼 콜럼버스^{Christopher Columbus}가 카리브해 지역을 탐험하고 원주민을 납치해 돌아오면서 세상이 변하기 시작했습니다. 미지의 대륙을 확인한 유럽은 국가 차원에서 대항해 선단을 꾸렸고, 세계 일주와 새로운 무역 항로 개척에 끊임없이 투자했습니다.

15~16세기 유럽 국가들은 머스킷^{Musket, 소총}으로 무장한, 세계에서 가장 강력한 군대를 보유하고 있었습니다. 새로 개척된 대륙마다 유럽의 깃발이 휘날렸고 전 세계 특산품이 유럽으로 들어왔습니다. 특히 유럽과 가까운 남아메리카 대륙은 무기 발달 수준이 철기 시대 이전에 머물러 있어 정복이 수월했습니다. 마야 문명, 잉카 제국, 아즈텍 제국으로 대표되는 남아메리카 문명들은 하나같이 엄청난 금과 은으로 치장하고 있었는데요, 유럽의 정복자들은 광산 자원이 풍부한 남아메리카 지역을 적극적으로 공격해 대량의 금과 은을 채굴하고 유통하기 시작했습니다. 그 결과 유럽에는 화폐로 사용할 수 있을 만큼의 금과 은이 유입되었고, **주괴**[7] 혹은 동전 형태로 유입된 귀금속은 유럽에서 흔한 가치 저장의 수단으로 자리 잡았습니다.

....

7) 거푸집에 부어 여러 가지 모양으로 주조한 금속이나 합금의 덩이.

이 무렵 패권을 잡은 나라는 스페인이었는데, 전 세계 금은 생산량의 80%를 스페인이 담당했다고 기록될 정도였죠. 남아메리카 정복을 이룬 스페인은 그곳에서 뺏은 금은만 믿고 끝없이 전쟁을 일으켰습니다. 그러다 국가 수입의 70%를 넘을 정도로 늘어난 전쟁 비용이 스페인 정부를 파산^{Default, 디폴트}에 이르게 만들었죠.

이후에도 정신을 못 차린 스페인은 왕가가 소유한 광산, 토지, 항만 등을 담보로 상인 계층에게서 전쟁 자금을 조달받으며 전쟁을 지속했습니다. 그러나 연이은 패전으로 왕가의 재산은 상인들에게 귀속되었죠. 심지어 스페인의 통치를 받던 네덜란드와 포르투갈이 독립하는 일이 발생했는데요, 도대체 왜 이런 이야기를 계속하냐고요? 바로 이 시점에 '주식'이 처음 등장하기 때문입니다.

주식의 탄생과 부의 재분배

당시 네덜란드 땅에 자리 잡았던 유대인은 특유의 문화를 경제 시스템에 접목해 어업 조합과 무역 회사를 설립합니다. **네덜란드 동인도 회사** [8]가 대표적인데요, 최초의 주식회사로 잘 알려져 있습니다.

....

8) Vereenigde Oost-Indische Compagnie. 약칭 VOC. 영국 동인도 회사의 설립에 자극받은 네덜란드 상인들이 2년 후인 1602년에 설립했다. 세계 최초의 주식회사이자 다국적 기업인 동시에 17세기 세계 최대의 회사였다. 참고로 1600년에 세워진 영국의 동인도회사(EIC, East India Company)가 설립 시기는 앞서지만 영국 여왕이 무역독점권을 부여한 형태였을 뿐, 회사의 주권을 다수에게 파는 주식회사 형태는 네덜란드의 동인도 회사가 최초다.

이들은 유치한 투자금을 기반으로 사업을 공격적으로 확장했습니다. 그리고 사업을 통해 벌어들인 돈을 투자자에게 다시 돌려주는 '배당금Dividend' 정책으로 추가 투자금을 확보했죠. 회사는 투자자들에게 돈을 빌려서 더욱 빠르게 성장했고, 투자자들은 잘나가는 회사에 돈을 투자함으로써 본인이 일하지 않아도 돈이 벌리는, 즉 '돈이 스스로 돈을 버는' 방법을 찾기 시작했습니다.

주식회사의 등장은 인류의 역사를 바꾼 엄청난 사건입니다. 주식회사가 있기 전에는 전쟁을 벌여야 패권을 잡을 수 있었습니다. 트로이 전쟁부터 포에니 전쟁, 나당 전쟁, 십자군 전쟁, 장미 전쟁, 임진왜란, 병자호란 등 인류의 역사에는 국가 혹은 민족의 운명을 건 수많은 전쟁이 있었죠. 전쟁에서 패한 국가는 역사에서 사라졌고, 승리한 국가의 귀족과 국왕은 역사에 이름을 남겼습니다. 하지만 시민들의 이름은 그 어디에서도 찾아볼 수 없습니다. 국왕의 힘은 강한 군사력에서 나왔고, 귀족의 힘은 재산에서 나왔습니다. 그리고 지배층의 군사력과 재산으로 취급되던 것이 일반 시민들이었습니다.

물론 왕과 귀족 외에도 패권을 쥐었던 존재가 있습니다. 시점을 다시 과거로 돌려보면 화폐가 등장한 중세 시대에 '상인'이라는 계층이 등장했습니다. 상업이 활성화되고 영향력이 커지면서 상인들은 지배층이 독점하던 '재화'를 나누어 가졌습니다. 막대한 부를 쌓은 일부 상인 가문은 국왕이나 귀족을 후원하면서 새로운 지배층으로 편입되기도 했고, 스스로 군사력을 확보해 세력을 키우기도 했습니다. 그러나 소수가 부를 독점했다는 점에서 상인이 성장한 시대도 왕가, 귀족이 지배한 시기와 크게 다르지 않았습니다. 일반인이 패권을 잡는 것은 불가능에 가까운 일이었습니다.

주식회사의 등장은 이런 점에서 사회 구조에 혁명을 일으켰습니다. 적은 돈으로도 기업에 투자할 수 있고, 투자금을 회수하기 전까지 기업으로부터 투자의 대가를 지급받을 수 있었습니다. 이때부터 약 400년간 주식회사 제도가 발전함에 따라 '금융'이라는 새로운 제도가 사회를 이끌기 시작했고, 지구 역사상 처음으로 지배 계급만 독점했던 '부富의 분배'가 시작된 것입니다.

이렇게 아주 오랜 시간 소수의 사람만 독점했던 '부'라는 권력을 얻기는 쉽지 않습니다. 자산 시장의 특징을 공부해야 하죠. 많이 가질수록 행복한 것은 아니지만 부유하면 편한 것은 부인할 수 없는 사실입니다. 그렇다면 21세기의 자산 시장에서 가장 중요한 것은 무엇일까요?

02

인플레이션과
디플레이션

국제 금융의 역사

세기의 천재라고 불리는 투자 대가들이 매우 중요하게 생각하는 개념이 있습니다. 바로 '인플레이션^{Inflation, 물가 상승}'과 '디플레이션^{Deflation, 물가 하락 및 경기 침체}'인데요, 도대체 이들은 왜 인플레이션과 디플레이션을 추적하면서 투자를 할까요? 그 이유를 알려면 국제 금융시장의 역사를 살펴봐야 합니다.

시간을 1800년대로 돌려보겠습니다. 1867년 유럽 통화 회의에서 주요 강대국들은 서로 다른 화폐 가치를 평가하는 기준을 정했습니다. 인류가 오랜 시간 귀금속으로써 그 가치를 인정해온 금과 은을 기준으로 삼은 것이죠. 이후 전 세계 주요 국가들은 자국 통화를 일종의 '금 교환권'으로 정의했고, 다른 국가와의 무역에서도 금을 기준으로 통화를 교환했습니다. 이를 금본위제라 합니다.

하지만 1914년 제1차 세계대전이 시작되면서 유럽 국가들은 금본위제를 포기하고 자국 통화를 무제한으로 발행했습니다. 금 교환권으로 거래되던 각 나라 화폐는 통화 발행량의 증가로 가치가 급격히 떨어졌고, 전쟁 과정에서 신뢰도가 하락한 유럽의 화폐 대신 미국의 달러가 시장에서 인정받기 시작합니다.

제1차 세계대전 이후 발생한 대공황으로 세계는 자산 버블 붕괴의 홍역을 치릅니다. 연이어 제2차 세계대전을 겪으며 유럽 화폐의 신용도는 바닥으로 추락했죠. 게다가 두 번의 큰 전쟁을 치르면서 보유한 금의 상당량을 전쟁 대금으로 지불했고, 그렇게 유럽에서 흘러나온 금은 미국이라는 새로운 패권 국가로 이동합니다.

제2차 세계대전의 끝이 다가오던 1944년 7월 44개국 대표들은 미국 뉴햄프셔주 브레튼우즈Bretton Woods의 마운트 워싱턴 호텔에 모여 전쟁 이후의 새로운 통화 제도에 대해 논의했습니다. 두 차례 대전이 있기 전, 전 세계 대부분의 금은 유럽이 보유하고 있었습니다. 그러나 전쟁 물자와 금을 교환하면서 전 세계 금의 70%가 미국 중앙은행 보관소로 모여든 상황에서 국제 통화의 중심을 다시 잡을 필요가 있었죠. 이 회의에서 세계 공용 통화 지위를 두고 **방코르**[9]

---

[9] Bancor. 1941년 영국의 경제학자 존 케인스가 제안한 일종의 국제 결제 시스템으로, 영국 정부가 제안한 국제 청산동맹안(이른바 케인스안) 속에서 창설이 시도되었다.

와 미국의 달러^{U.S Dollar} 사이에서 논쟁이 벌어졌습니다. 결과는 금 최대 보유국인 미국 달러의 승리였습니다. 달러가 새로운 세계 기축통화로 등극한 것입니다.

국제 금본위제가 붕괴되고 달러를 기준으로 '조정 가능한 고정 환율 제도'가 도입되었습니다. 두 차례의 전쟁 이전까지 기축통화였던 영국 파운드화는 금 교환권으로서의 가치를 잃었고, 세계 통화 지위에서 탈락해 지역 통화로 전락했습니다. 파운드화를 금으로 바꾸려면 먼저 미국 달러로 교환한 후 이를 다시 금으로 교환해야 했죠. 브레튼우즈 회의에서는 달러가 기축통화로 정해진 것 외에도 많은 변화가 있었습니다. 전쟁의 중심지였던 유럽의 재건을 위해 국제통화기금IMF, International Monetary Fund과 국제부흥개발은행 IBRD, International Bank for Reconstruction and Development이 설립되는 등 근대 경제 시스템이 출범하며 글로벌 금융의 태동을 알렸습니다.

달러, 금본위제와 이별하다

달러가 기축통화가 되었지만, 한 발은 금본위제에 걸치고 있었습니다. 전 세계 화폐의 기준이 달러가 되었지만, 그 달러의 가치는 일정량의 금으로 정했기 때문입니다.[10] 그런데 이렇게 금의 가치를

....
10) 금 1온스당 35달러로 고정.

기준으로 돌아가는 금융 시스템은 근본적인 문제가 있습니다. 중앙은행이 금을 보유한 만큼만 화폐를 발행할 수 있는 금본위제는 경제 성장 속도를 반영할 수 없다는 것입니다. 예를 들어 프랑스의 경제 규모가 매년 10%씩 성장한다고 가정할 때, 프랑스 중앙은행은 매년 10%씩 금 보유량을 늘려야 경제 규모와 화폐 유통량을 일치시킬 수 있습니다. 하지만 실제 세계 경제의 성장 속도와 금의 채굴량은 동일할 수 없었고, 중앙은행이 보유한 금보다 더 많은 경제 규모를 형성하면 어김없이 일부 투자자들에 의해 의도적인 버블 붕괴가 일어났습니다. (이러한 버블 붕괴에 대해 다양한 음모론이 존재합니다만, 분명한 것은 화폐 유통량과 중앙은행의 금 보유량 사이의 차이로 버블 붕괴가 반복되었다는 점, 그리고 이것이 금본위제의 치명적인 약점이라는 것입니다.)

금본위제 안에서 발생한 반복적인 버블의 붕괴는 인플레이션과 디플레이션의 반복을 초래했습니다. 경제가 빠르게 성장하는 구간에서 물가도 급격히 오르면서 인플레이션이 시장을 이끌었지만, 반대로 버블이 붕괴할 때는 자산 가격이 폭락하고 디플레이션이 시장을 지배해 소비가 얼어붙는 악순환이 반복되었죠. 그럼에도 전 세계 경제는 식민지의 확장과 새로운 자원 개발 덕에 안정적으로 성장해왔습니다. 제1, 2차 세계대전이 발발하지 전까지는 말이죠.

전쟁 이후 미국이 전 세계의 금을 독차지하고, 브레튼우즈 협정에 의해 모든 국가의 통화는 달러를 기준으로 그 가치를 다시 산정하게 되었습니다. 물론 달러 역시 단독으로 가치를 정하는 게 아니라, 35달러는 금 1온스와 같다는 원칙에 묶여 있었습니다. 그런데 종전 이후 세계 경제의 발전 속도는 눈부실 정도로 빨랐습니다. 한 나라 경제를 파산에 이르게 할 만큼 막대한 비용이 드는 전쟁이 줄면서, 그만큼 경제 성장에 속도가 붙은 것입니다. 금 보유량이 세계 경제의 성장 속도를 따라가지 못하겠다는 우려가 나올 즈음, 또 다른 이슈가 발생합니다.

물리적인 충돌이 줄었다고 완전한 평화가 찾아온 것은 아니었죠. 승전국이었던 소련과 미국은 각각 공산주의와 자본주의를 대표하는 국가였습니다. 남한과 북한으로 분단된 한반도를 포함해 동독과 서독, 나아가 동유럽과 서유럽은 공산주의와 자본주의로 나뉘었습니다. 이러한 냉전 구도는 언제든 다시 전쟁으로 이어질 수 있었습니다. 그럼에도 제3차 대전이 일어나지 않은 것은 냉전 기간 동안 미국과 소련이 지구를 파괴할 수 있을 정도의 핵무기를 축적했기 때문입니다. 핵무기가 어느 한쪽도 쉽사리 전쟁을 벌일 수 없게 하는 억지력으로 작용한 것이죠. 그렇게 약 30년간 지속되던 팽팽한 힘겨루기가 동남아시아의 한 국가에서 물리적으로 터지고 맙니다.

200만 명이 넘는 미국 병사가 투입된 베트남 전쟁은 미국 역사상 첫 패배로 기록되었습니다. 뼈아픈 패배는 경제적인 문제로 이어집니다. 미국은 베트남 전쟁에 엄청난 자금을 쏟아부었는데요, 이 과정에서 중앙은행이 보유한 금보다 훨씬 많은 수준의 달러를 찍어낸 것입니다. 여기에서 금본위제의 가장 큰 문제점으로 지적된 '트리핀의 딜레마 Triffin's Dilemma'가 발생하죠.

트리핀의 딜레마 Triffin's Dilemma

예일대 교수였던 벨기에 태생 경제학자 로버트 트리핀 Robert Triffin이 브레튼우즈 체제를 비판하며 지적한 문제로, 다른 국가들의 국제 거래 결제를 뒷받침하기 위해 미국이 기축통화인 달러 공급을 늘리면 결국 달러 가치가 하락해 기축통화로서의 국제 신용도가 위태로워지는 진퇴양난의 상황을 의미한다.

① 달러를 국제 거래에서 사용하려면 그만큼 많은 달러를 찍어서 공급해야 한다.
② 달러를 많이 찍어낼수록 금에 대한 달러의 교환 가치는 하락한다.
③ 달러 가치를 보존하기 위해 달러의 총량이 제한되면 국제 거래에서 달러가 부족해진다.

미국은 전쟁 자금을 대기 위해 금본위제에서 금으로 바꿀 수 있는 유일한 교환 수단인 달러의 유통량을 기하급수적으로 늘렸습니다. 브레튼우즈 체제는 1달러가 금 0.0285온스(약 0.8g)와 교환할 수 있다는 가치를 인정받은 것인데, 정작 미국 중앙은행은 시중에 유통되는 달러에 비해 턱없이 부족한 금을 보유한 상황이었죠. 전 세계 투자자들 역시 이 점을 우려했고 영국이나 프랑스의 투자자들은 본인들이 소유한 달러의 가치가 폭락할 수도 있다는 공포를 느끼게 되었습니다.

결국 프랑스의 투자자들이 먼저 움직였습니다. 이들은 가치가 폭락할 수도 있는 달러를 '프랑'으로 바꾸고, 이 '프랑'을 다시 프랑스 중앙은행에서 금으로 교환하기 시작했습니다. 이로 인해 프랑스 중앙은행에는 금이 부족해졌습니다. 그러자 프랑스 중앙은행은 보유하고 있는 달러를 미국 중앙은행을 통해 금으로 교환했습니다. 시장의 달러가 프랑으로 교환되고, 프랑은 다시 프랑스 중앙은행에서 금으로 바뀌는 구조가 반복된 것입니다. 그런 과정을 거쳐 프랑스 투자자들에게는 금이 남고, 프랑스 중앙은행에는 프랑이 남으며, 미국 중앙은행에는 달러가 남게 됩니다.

문제는 이러한 과정이 계속되면 최종적으로 미국 중앙은행에는 금과 '교환할 수 없는' 달러만 남는다는 것입니다. 이러한 과정을 반복하면 최종적으로 미국 중앙은행에는 금과 '교환할 수 없는' 달러만 남습니다. 달러와 금을 교환해주는 주체가 미국 중앙은행이니까요. 그리고 이렇게 되면 제2차 세계대전 이후 전 세계 패권을 쥔 '미국 달러'의 신뢰도가 바닥에 떨어지고 미국 경제는 박살이 날 것입니다.

미국 정부 수뇌부 역시 이런 위기를 정확하게 인지하고 있었습니다. 그래서 1971년 8월 15일 전 세계를 경악하게 만든 새로운 통화 정책이 미국의 일방적인 발표로 전해졌죠. **닉슨 쇼크**[11]라고도 불리는 이 정책은 "더는 달러를 금으로 교환해드릴 수 없습니다." 라는 한 문장으로 요약할 수 있습니다. 즉 1944년부터 약 30년간 지속되었던 금본위제의 종말을 선언한 것이자, 더는 1달러의 가치가 0.0285온스의 금으로 보장되지 않는다는 말이었죠.

전 세계 시장은 패닉에 빠졌고 달러를 믿지 못하게 된 상인들은 달러로 거래하던 상품 가격을 엄청나게 올리기 시작했습니다. 원래 소고기 1kg이 금 1온스(35달러)와 같은 가치로 거래되었다고 하면, 35달러를 금 1온스와 교환할 수 없게 되자 소고기 1kg을 50달러, 70달러, 100달러로 값을 올린 것입니다. 소고기뿐만 아니라 돼지고기, 양파, 당근 같은 식료품부터 원유, 철광석, 구리광석 등의 원자재 가격 역시 급격히 오르게 되었습니다.

인플레이션과 디플레이션

그런데 이렇게 달러의 신뢰도가 추락했는데 왜 지금도 달러가 기축통화일까요? 전 세계 상품 가격의 기준이 '미국의 달러'로 통일될 수밖에 없었던 이유는 이미 달러가 세상을 지배했기 때문입니

....

11) Nixon shock. 1971년 미국 리처드 닉슨 대통령이 금본위제 폐지를 포함한 신경제정책을 발표함으로써 세계 경제가 받은 충격을 가리킴.

다. 세계대전을 치르는 내내 유럽에 엄청난 양의 달러가 유입되었고, 전후 경제 회복 시기와 베트남 전쟁 때도 전 세계 통화량의 대부분을 달러가 차지하고 있었습니다. 이미 모든 사람이 달러를 쓰고 있으니, 달러 가치가 하락해도 달러를 계속 쓸 수밖에 없는 것입니다. 이는 지금까지도 글로벌 원자재 등의 상품 결제 수단으로 달러가 사용되는 이유이기도 하고, 미국의 달러 패권이 여전히 공고한 이유이기도 합니다.

사태를 해결하려는 미국 금융 수장들의 노력도 있었습니다. 금융 천재들이 모여 있다는 미국의 중앙은행 격인 연방준비제도이사회^{FRB, Federal Reserve Board} 수장이던 폴 볼커^{Paul Volcker (1979~1987 재임)}는 세계적으로 발생한 달러 인플레이션 문제를 해결하기 위해 기준금리를 연 20%대까지 끌어올리면서 달러 가치를 유지하려 했습니다. '인플레이션 파이터^{Inflation Fighter}'라는 별명도 금본위제 종료 이후 발생한 인플레이션과의 전쟁에 적극적으로 대응하면서 붙여진 것이죠. 이후 물가 상승률이 심각해지려고 할 때마다 미국 중앙은행은 기준금리를 적극적으로 인상하면서 달러 가치를 성공적으로 지켰습니다.

그런데 베트남 전쟁 이후 달러 가치 하락을 막기 위해 애쓴 것은 이해가 되는데, 왜 금본위제가 폐지된 지 한참 지났고, 달러의 경쟁자도 없는 지금까지 중앙은행은 인플레이션을 적극 대응해야 하는 적군으로 취급할까요?

우선 **인플레이션**[12]은 일정 기간 동안 물가가 지속적으로 상승하는 현상을 말하는 경제 용어입니다. 경제가 성장하면 발생할 수밖에 없는 자연스러운 현상이죠. 다만 중앙은행이 적극적으로 개입해 조절하려는 것은 인플레이션이 심각해지는 '하이퍼 인플레이션 Hyperinflation'입니다. 하이퍼 인플레이션이란, 물가 상승률이 경제 성장을 초과하는 수준이 되는 것으로, 중앙은행이 이런 상황을 두려워하는 이유는 다음과 같습니다.

① 물가 상승률이 소득 수준의 증대보다 빨라진다.
② 비필수 소비재의 소비가 감소한다.
③ 비필수 소비재를 생산하는 기업의 매출이 줄어든다.
④ 매출과 이익이 줄어든 기업은 노동자를 해고한다.
⑤ 해고된 노동자가 증가할수록 소비는 더욱 위축된다.
⑥ 생산과 소비의 불균형이 심화되면서 경제 규모가 축소된다.
⑦ 장기간의 경기 침체인 디플레이션이 온다.

---

12) 인플레이션은 CPI(Consumer Price Index, 소비자물가지수)를 기준으로 측정한다. 소비자물가지수에 포함되는 대표 품목은 국가별로 차이가 있지만 작동 원리는 비슷하다. 예를 들어 어떤 국가의 CPI 측정 품목이 통신비, 유가, 밀가루로 구성되었다고 치자. 1년간 통신비가 10%, 유가가 10%, 밀가루가 10% 상승했다면 소비자물가지수는 10% 상승한 것이다. 쌀과 당근의 가격이 하락해도 이들은 소비자물가지수 기준 품목에 포함되지 않는다. 그래서 CPI를 100% 신뢰할 수는 없다. 그렇기에 통계청 등 소비자물가지수를 산정하는 기관들은 최대한 실제 소비자의 물가를 측정하기 위해 다양한 품목을 도입한다. 또 각 품목별로 가중치를 다르게 두는 등 물가 등락을 제대로 계산하기 위해 노력한다.

결국 중앙은행은 적절한 화폐 가치와 경제 성장을 유지하기 위해 인플레이션을 방어할 필요가 있고, 이를 위해 '기준금리 인상'이라는 정책을 사용하는 것입니다. 반대로 디플레이션을 방어하기 위해서는 '기준금리 인하' 정책을 펍니다.

다시 말해 금본위제가 무너지고 국가 신용도를 기준으로 화폐를 발행하는 지금의 경제 시스템이 자리 잡으면서 더는 화폐 발행의 총량에 제한을 둘 필요가 없어졌습니다. 경제의 성장 속도를 제어하던 금의 자리를 지금은 '기준금리'가 대체한 것이죠. 각 나라의 중앙은행은 기준금리를 이용해 경기 상황을 조절하고 있습니다. 그렇다면 이 기준금리와 주식은 과연 무슨 상관이 있는 걸까요?

03

기준금리와
주식 시장

중앙은행과 기준금리

국가는 중앙 정부를 구성하고 정부의 안건을 처리할 수 있는 다양한 부처를 설립합니다. 그리고 정부의 일을 수행하지만 독립적으로 움직이는 '공직 유관 단체'을 따로 둡니다. '한국은행'이 대표적인데요, 한국은행 외에도 금융감독원, 한국과학기술한림원, 지방의료원, 대한결핵협회 등이 있습니다. 이런 기관들은 운영의 독립성을 가졌지만 정부가 지원한 자금으로 운영되므로 공무원에 준하는 윤리 기준이 요구됩니다.

하지만 엄밀히 말해서 한국은행은 정부 기관이 아닙니다. 세금으로 운영되는 공직 유관 단체이지만, 정부 부처와 다른 별개의 독립 기구로 봐야 합니다. 우리나라뿐 아니라 전 세계 혹은 대부분의 선진국이 중앙은행을 정부와 분리해 설립합니다. 중앙은행은 '화폐'를 만드는 곳이기 때문입니다. 정부가 원하는 대로 화폐를 발권하고 유통하면 국가 경제는 한순간에 무너질 수도 있습니다. 중앙은행은 독립적으로 '통화 정책의 결정권'을 행사하며, 정부와 동등한 입장에서 협의를 통해 국가 경제를 꾸려가야 합니다.

선진국일수록 중앙은행의 독립성이 인정받습니다. 정부와 대등한 입장에서 금리, 통화 정책, 재정 정책, 국채의 매입, 주식 시장 참여 등에 대한 의사 결정을 내립니다. 전문가들은 중앙은행의 가장 중요한 역할이 '기준금리'를 결정하는 일이라고 말합니다. 또한 투자자들 사이에서는 기준금리에 대해서만 제대로 알아도 10년 안에 부자가 될 수 있을 거라고 하죠. 중앙은행이 독립적으로 결정하는 기준금리가 주식 시장에 어떤 영향을 미치기에 이런 말이 나오는 걸까요?

국가에는 한 가지 경제 시스템과 한 가지 화폐가 존재합니다. (물론 중국 본토와 홍콩처럼 정치적 상황에 의해 분리된 특별한 경우도 있습니다.) 마찬가지로 나라마다 한 곳씩만 존재하는 중앙은행은 정부와 시중은행에 화폐를 공급합니다. 그리고 중앙은행에서 발행한 화폐는 대출과 같은 '금융 수단'과 보조금 같은 정부 '지원 수단'을 통해 기업과 개인에게 공급되고, 다시 '이자'와 '세금' 같은 형태로 중앙은행과 정부로 돌아옵니다. 이 원리를 간단하게 그림으로 나타내면 다음과 같습니다.

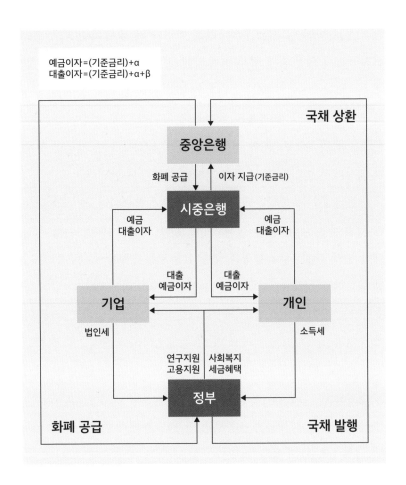

기준금리는 돈의 가격이라고도 하는데요, 시중은행(KB국민, 신한, 하나, 우리 등의 민간은행)이 중앙은행으로부터 '화폐를 공급받는 비용' 이기 때문입니다. 그리고 기업이나 개인이 시중은행에 맡기는 예금 에 대한 이자의 기준이기도 합니다. 기준금리에 일정량의 가산금 리를 더해 이자로 지급하는 것이죠. 또한 기업이나 개인이 대출을

받아가는 경우에는 기준금리에 가산 금리를 더하고 여기에 '리스크 비용'을 추가합니다. 즉 돈이 유통되는 과정에서 지불하는 모든 비용의 기준이 바로 기준금리입니다.

기준금리가 10%일 때와 1%일 때의 차이점은 무엇일까요? 우리에게 익숙한 예금이자부터 따져볼까요? 예금이자가 기준금리의 20% 수준이라면 총 12%(기준금리 10%+예금이자 2%)의 이자 수익을 낼 수 있습니다. 대출이자는 기준금리에 예금이자 그리고 리스크 비용(기준금리의 30%로 가정)을 더해 총 15%가 됩니다. 그렇기에 대출을 받아 사업을 하거나 투자를 할 때, 연 15%의 수익을 얻지 못하면 손해인 것입니다. 주식 투자의 경우 예금이자 수익인 연 12%보다 수익률이 낮다면 주식 투자에 자금이 몰려 버블이 형성되는 일이 없겠죠.

반대로 기준금리가 1%일 때 예금이자 수익은 어떤가요? 기준금리에 예금이자를 더하면 1.2%의 예금이자를 받습니다. 대출이자는 기준금리에 예금이자 그리고 리스크 비용을 합해 1.5%로 산정되겠죠. 기준금리가 낮아지면 그만큼 자본을 조달하는 비용이 줄어듭니다. 조달 비용이 줄어든 만큼 투자 시장에 몰리는 자금은 많아질 수 있습니다. 1년에 1.5% 이상의 수익만 낼 수 있다면 대출을 받아서 투자를 하는 게 이득입니다. 이렇게 투자 수요가 증가하면 주식 같은 투자 자산의 가격은 당연히 상승합니다. 실제로도 이 원리가 작동했는지는 미국 기준금리를 보면 알 수 있습니다.

그래프는 미국의 기준금리 변화를 나타낸 것입니다. 지난 50년

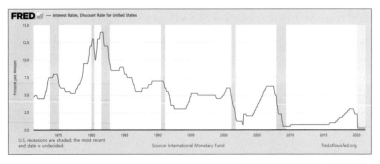

간 중앙은행은 기준금리를 조절해 자산 혹은 상품 가격을 통제했습니다. 초기의 기준금리는 상당히 높았습니다. 1971년 금본위제가 폐지되고 신용 화폐가 새로운 가치 교환 수단으로 사용되면서 급격한 인플레이션이 발생했기 때문입니다. 이후 1980년까지 미국 중앙은행은 기준금리를 15% 수준까지 끌어올려 달러의 가치를 보존했습니다. 기준금리가 15% 수준이니 시중은행의 예금금리는 18%, 20%를 웃돌았고, 상품이나 자산을 보유하는 것보다 은행에 달러를 맡겨두는 것이 이득인 상황이었죠. 그렇게 달러의 가치를 지켜낸 것입니다.

— 04 —
경제 위기의
역사

2000년대 초 닷컴 버블

이후 약 20년간 미국은 자국과 세계 경제 성장 속도에 맞춰 기준
금리를 올리고 내리는 일을 반복했습니다. 그런데 예상치 못한 곳
에서 위기가 찾아왔습니다. 경제에 조금이라도 관심이 있다면 한
번쯤 들어봤을 닷컴 버블입니다. 인터넷이 세상에 등장하면서 사
람들은 새로운 세계가 열렸다는 환상에 빠졌습니다. 1994년 '넷스
케이프 Netscape'가 출시되고 1995년에는 '인터넷 익스플로러 Internet
Explorer'가 나왔죠. 1996년에는 미국 통신법이 개정되어 누구나 '인
터넷 사업'을 할 수 있게 되었고, 이후 '닷컴.com기업'이 우후죽순 설
립되었습니다.

신생 닷컴 기업들의 최우선 과제는 고객 확보였습니다. **벤처 캐피털**[13] 유치에 혈안이 되었고, 무료로 서비스를 뿌렸습니다. 광고란 광고는 닷컴 기업들의 소개로 가득 찼고, 사람들은 온 세상이 빠르게 변할 거라고 확신했으며, 투자자들은 앞다투어 닷컴 기업 투자에 나섰습니다.

이 시기에 마이크로소프트Microsoft나 인텔Intel, 시스코Cisco, 퀄컴Qualcomm처럼 성공적으로 시장 혁신을 주도한 선도 기업들이 성장하기도 했지만, 빈즈닷컴Beenz.com (1998~2001), 웹밴Webvan (1999~2001), 키부닷컴Kibu.com (1999~2002) 등 거액의 투자금을 받고도 폐업한 기업도 많았습니다. 문제는 이런 닷컴 기업들에 대출을 받아 투자한 사람이 많았다는 점입니다. 투자한 기업의 파산 혹은 주식의 폭락은 투자 원금 손실과 대출금 미상환이라는 최악의 상황으로 이어졌습니다.

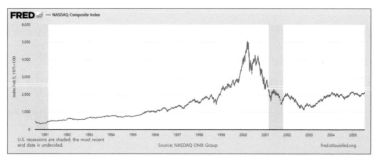

나스닥 종합지수, 출처: FRED

....
13) Venture capital. 장래가 유망한 벤처기업에 주식 투자 형식으로 투자하는 기업 또는 기업의 자본.

미국 중앙은행은 이렇게 자산 가격이 폭락하고 '돈의 순환'에 문제가 생겼을 때 기준금리를 인하합니다. 많은 기업과 개인이 은행에서 대출을 받습니다. 대출금은 사업을 하거나 집을 사고, 생활을 유지하는 등의 경제 활동에 쓰이며, 개인과 기업이 경제 활동으로 번 돈이 다시 은행에 상환되는 식으로 돈이 순환합니다. 이 과정에서 거대한 채무 불이행이 발생하면 은행에는 자금이 부족해집니다. 이때 은행에 예금을 맡긴 이들이 "혹시 은행이 내 돈을 돌려주지 못하고 파산하면 어떡하지?"라고 생각하면 대규모 예금 인출 사태가 발생할 수 있습니다. 이것을 **뱅크런**[14)]이라고 합니다. 이렇게 은행에 돈이 부족해지고 뱅크런이 발생하는 것을 막기 위해서 중앙은행은 돈을 사용하는 비용인 기준금리를 낮춥니다.

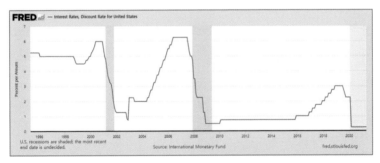

미국 기준금리 변동 추이, 출처: FRED

....

14) Bank run. 은행의 대규모 예금 인출 사태.

2008년 금융 위기

2008년 **리먼 브라더스**[15] 사태와 2020년 코로나19 위기가 발생했을 때도 미국의 중앙은행은 급히 기준금리를 인하했습니다. 리먼 브라더스 사태는 무분별한 부동산 대출 때문에 발생했습니다. 신용 등급이 낮은 사람에게 부동산 대출을 해준 정도가 아니라, 허구의 인물 심지어 반려동물 이름으로도 부동산 담보 대출이 가능했습니다. 그야말로 부동산을 사려는 모든 사람들에게 대출을 해주었죠. 당시 부동산 대출 건에 나름의 등급을 부여해 위험성을 표시하긴 했습니다. 다만 부실한 부동산 담보 대출권을 우수한 부동산 담보 대출권과 세트로 묶어서 위험성을 희석한 투자 상품으로 만들었죠. 이런 투자 상품을 다시 묶어서 새로운 투자 상품으로 만들어 판매하기를 반복하던 끝에 결국 버블이 터진 것입니다. 이러한 기만 행위에는 리먼 브라더스뿐 아니라 뱅크오브아메리카, JP모건, 골드만삭스, AIG 등 미국을 대표하는 금융사가 대부분 관여했습니다. 중앙은행과 정부의 도움이 없었다면 월스트리트 전체 또는 전 세계 경제가 파산에 이를 수 있는 상황이었죠.

'대출 상품의 재대출'로 쌓은 규모의 경제가 붕괴할 위기에 미국 중앙은행이 나섰습니다. 리먼 브라더스는 파산했지만 그 외 월

---

15) 미국 투자은행 리먼 브라더스(Lehman brothers)가 2008년 9월 15일 뉴욕 남부법원에 파산보호를 신청하면서 글로벌 금융 위기의 시발점이 된 사건.

스트리트 초대형 금융사들은 낮은 기준금리가 적용된 새 돈을 엄청나게 공급받아 회수되지 않는 채권 문제를 해결했습니다. 글로벌 은행들이 계산서 끝자리를 맞출 수 있는 해결의 시간을 번 것이죠. 이 과정에서 공정성의 문제가 떠올랐습니다. 월스트리트의 무책임한 서류 심사와 대출 절차 때문에 발생한 문제를 세금으로 해결한 데다가, 부실 대출 상품을 만든 사람과 살아남은 월스트리트 구성원들은 엄청난 보너스를 챙겼기 때문입니다.

2020년 코로나19

2020년 코로나19 위기 역시 같은 원리로 해석할 수 있습니다. 바이러스의 확산으로 시민들의 이동이 통제되고 출퇴근이 자유롭지 못한 상황에서 기업들의 경제 활동이 막혔습니다. 기업과 가계가 대출금을 상환할 수 없는 상황에 처했습니다. 대출금 상환 기한은 다가오는데 수익은 없는 상황에 놓인 기업들이 리먼 브라더스 때와 마찬가지로 외부 악재를 극복하지 못해 부도 위기에 몰렸죠.

기업의 연쇄 부도는 실업자의 증가로 이어지고, 실업자가 증가하면 소비가 감소합니다. 소비가 줄면 생산이 멈추고 이는 또 다른 기업의 부도로 연결됩니다. 이런 악순환을 막기 위해 중앙은행은 이율이 높은 빚 문서(채권)를 직접 매입하는 식으로 개입합니다. 이자가 높은 채권을 매입한 뒤, 기업에는 저렴한 이자율로 새로운 대출을 공급합니다. 또한 개인에게는 정부 부처가 평소보다 많은 실업 수당을 지급합니다. 이렇게 기업의 부도를 막고 개인의 소비를 보전함으로써 돈이 다시 순환하게 유도하는 것입니다.

하지만 이번에도 중앙은행의 금리 인하 정책은 자산가들의 잔치로 이어졌습니다. 초기에는 중앙은행의 조치가 적절한 효과를 발휘했습니다. 코로나19로 인한 **셧다운**[16]으로 많은 노동자들이 휴직 혹은 해고 통지를 받았습니다. 정부에서는 노동자들이 생계를 유지하고 경제 활동을 지속할 수 있도록 실업 수당과 특별 지원금을 추가로 지급하는 등의 정책을 1년 넘게 유지했습니다. 덕분에 미국의 소비는 코로나19 이전으로 회복되었고, 기업들은 생산과 고용을 유지할 수 있게 되었습니다. 기업에 투자한 자산가들은 중앙은행의 금리 정책과 통화 정책, 정부의 재정 정책에 힘입어 빠르게 회복된 주가에 환호성을 질렀고, 기업들의 실적도 급격히 확장되었습니다.

그런데 2021년에 접어들면서 상황이 반전되기 시작합니다. 코로나19 기간 동안 쌓인 소비 수요가 폭발했고, 생산이 수요를 따라가지 못하는 현상이 발생했습니다. 도리어 '인플레이션' 논란이 확대되는 상황이 닥친 것입니다. 이 시기에 위기를 기회로 바꾼 기업을 발견한 투자자들은 큰 수익을 얻었습니다. 시장 흐름과 정책의 방향성을 미리 포착한 투자자일수록 수익률은 높았죠. 일반 시민들

....

16) Shutdown. 정부, 기업, 사회 등의 운영 중단 사태.

이 중앙은행의 지원책으로 생활을 유지한 것은 다행이지만, 동시에 정부와 중앙은행의 지원책 덕에 자산가들이 엄청난 부를 축적한 것도 사실입니다.

테이퍼링 이후 세계 경제는?

공정성 논란과 인플레이션 등 몇 가지 문제점이 있지만 세계적인 경제 위기를 미연에 방지했다는 점에서, 중앙은행과 정부의 적절한 금리 조절과 부양책이 얼마나 중요한지 확인할 수 있습니다. 중앙은행과 정부는 경제가 위기일 때는 금리를 낮추고 지원 정책을 사용하지만, 반대로 경제가 정상적으로 회복되면 '금리 인상'을 실시합니다. 시장의 회복을 위해 투입한 돈은 '공짜'가 아닙니다. 결국 회수되어야 하기에 경제 회복이 충분히 완료된 시점에서는 긴축 정책이 이루어집니다.

대표적인 긴축 정책이 금리 인상입니다. 많은 전문가가 금리 인상은 '주식 시장의 **조정**[17]'을 부를 수 있다고 말합니다. 2021년 하반기 미국의 **테이퍼링**[18]이 가시화되면서 전 세계 주식 시장이 긴장했습니다. 그런데 정말 긴축 정책은 주식 시장에 부정적이기만 할

....

17) 주가가 횡보하는 구간.
18) Tapering. 연방준비제도(Fed)가 양적완화 정책의 규모를 점차 축소해나가는 것.

까요? 앞서 살폈듯, 기준금리 인상은 대출금리 인상으로 이어질 수 있습니다. 대출이자가 오르면 대출을 받아 투자한 이들의 투자금이 회수되는 결과가 발생할 수 있습니다. 기업 역시 M&A나 증설 등을 위해 부채를 만든 것에 대한 부담감이 커지겠죠. 이자 비용 증가에 따른 이익의 감소 역시 걱정입니다. 게다가 예금금리가 인상되면 주식 투자 기대 수익률도 높아집니다. 예금금리가 1% 수준일 때 주식에 기대하는 수익률과 예금금리가 3% 수준일 때 주식으로 얻고자 하는 수익률이 다를 수밖에 없죠.

예를 들어 개인 투자자가 주식 시장에 기대하는 예상 수익률이 12개월 기준으로 10%라고 가정해봅시다. 예금금리가 1% 수준이라면 10%라는 수익률이 매력적입니다. 원금 손실 위험을 감수하고도 주식에 투자하려는 자금이 많을 것입니다. 하지만 예금금리가 3%라면 어떨까요? 예금은 원금이 보장되면서 3% 수익률을 주는데, 주식은 원금 손실 위험이 있는 상황에서 10% 수익률을 내니까 생각이 달라지겠죠. 공격적인 투자자라면 주식 시장에 참여하겠지만 안정적인 수익을 원하는 경우 예금을 선호할 수 있습니다.

큰 자금을 운용하는 전문 투자자들도 금리 인상이라는 환경에서 같은 고민을 합니다. 주식 시장의 예상 수익률이 10%라고 가정할 때, 원금 손실 위험이 있는 주식과 원금 손실 위험이 없는 '채권 시장'을 두고 저울질하는 것이죠. 기준금리가 인상되면 일종의 '빚 문서'를 거래하는 채권 시장의 매력이 높아집니다. 빚은 꼭 갚아야 하는 돈이므로 빌려준 이들의 원금이 보장되기 때문입니다. 그래서 주식 시장이 불안하면 주식을 매도하고 채권을 매수하는 전략으로 위험을 회피하는 이들이 많아지는 것입니다.

이러한 성격의 채권 중에 가장 대표적인 것이 미국의 10년 만기 국채입니다. 흔히 '미국채 10년물'이라고 하는 것인데요, 지금부터 이야기가 조금 복잡해집니다. 안전 자산으로 분류할 수 있는 미국채 10년물 금리와 기준금리를 기준으로 투자 시장을 해석할 때 다음과 같은 아이러니에 봉착할 수 있습니다.

① 미국채 10년물 금리는 향후 경제 성장률을 반영한다. 미국채 10년물 금리가 오르면 향후 경제가 성장할 것이라고 강하게 믿는 투자자들의 심리가 반영되는 것이고 주식 시장이 좋아질 수 있다. 그렇다면 주식을 매수하고 현금(혹은 채권)을 매도하는 전략이 유효하다.

② 주식 시장의 상승세가 가파를 때 시장 참여자들은 주식 시장이 비싸다는 부담감에 휩싸이게 된다. 위험 자산인 주식을 처분하고 대신 투자할 곳을 찾는다. 이때 '가장 안전한' 미국채 10년물에 투자금이 몰릴 것이고, 국채 가격이 상승하면서 금리가 하락한다.

③ 미국채 10년물 금리가 하락하면 향후 경제 성장률이 하락할까? 그렇다면 주식을 매도해야 하는 것인가? 하지만 기업 실적은 성장 중이고 주식 시장이 꾸준히 우상향하는 상황에서 주식을 매도하는 것은 수익률을 떨어뜨리는 선택은 아닐까? 기준금리가 상승하면 기업의 이자 부담은 얼마나 증가하는가? 시장 참여자들이 얼마나 많은 대출(혹은 레버리지)을 이용하고 있는가? 시장에서 빠져나가는 투자금은 얼마나 될까? 시장의 조정은 몇 % 수준에서 멈출 것인가?

이런 아이러니와 불확실성으로 인해 금리 인상 때문에 주식 시장에 조정이 발생할 수 있다고 말합니다. 하지만 2001년 닷컴 버블, 2008년 리먼 브라더스 사태 이후의 시장 흐름을 보면 답은 명확합니다. "그럼에도 시장은 상승한다."라는 것입니다. 국가별, 섹터별, 기업별로 정도의 차이는 있겠지만, 주식 시장은 언제나 경제 성장에 맞춰 우상향한다는 의견이 지배적입니다. 여기서 말하는 경제 성장 속도를 조절하는 가장 중요한 요인이 기준금리로 대표되는 통화 정책, 그리고 세금, 지원금 등으로 대표되는 재정 정책입니다.

통화 정책과 재정 정책의 균형은 시간이 지날수록 중요해지고 있습니다. 2010년만 해도 스마트폰이 대중화되기 전이었으며 MTS^{Mobile Trading System} 역시 개발 단계에 불과했죠. 직접 주식 투자를 하는 것보다, 펀드 같은 금융 상품 투자로 펀드 매니저에게 계좌를 위탁해 자금을 운용하는 투자자가 훨씬 많았습니다. 주식 투자는 진입 장벽이 있는 시장이었고 개인 투자자들과 시장의 거리감은 상당한 편이었죠. 하지만 스마트폰이 대중화되고 언제 어디서든 누구나 MTS로 주식을 거래할 수 있는 지금, 주식의 위상은 달라졌습니다. 주가 등락이 개인의 소비와 직결되고, 정치인의 지지율과도 연결되며, 심지어 업무 효율성에도 영향을 미칠 수 있다는 연구 결과가 발표될 정도로 사회 시스템의 핵심이 되었습니다.

그렇기에 중앙은행과 정부는 주식 시장의 안정적인 운영에 신경을 쓸 수밖에 없습니다. 정부 정책을 결정할 때 점점 주식 시장 참여자가 우선될 수밖에 없는 환경으로 변하고 있습니다. 지난 100년간 유지된 자유 시장 원칙을 지키기보다는, 주식 시장의 충격을 최소화하는 방향으로 정책이 수립될 것입니다. 수혜는 고스란히 자산가들에게 돌아갈 수밖에 없죠. 빈부의 격차는 심화될 것이고, 이런 빈부 격차를 다시 정부 정책으로 해결하려고 노력할 것입니다. 결국 모든 경제 현상의 중심에 기준금리가 있습니다. 부자가 되기 위해서 기준금리와 재정 정책을 반드시 공부해야 하는 이유가 여기에 있습니다.

기술의 발전과
21세기형 디플레이션

인류의 역사와 기술의 발전

잠깐 인류의 역사를 돌아볼까요? 인류는 도구를 만들어 동물을 사냥했고, 식물을 채집했으며, 흙으로 집을 짓고 성을 쌓았습니다. 바퀴를 만들어 노동의 효율성을 높였고, 철을 사용해 튼튼한 무기를 만들었죠. 불이 꺼지지 않게 하는 연료를 찾다 석탄과 석유라는 엄청난 동력을 확보했습니다. 지구라는 행성의 모든 곳을 탐험하더니 이내 현실을 초월한 가상의 인터넷 세상을 창조했고, 사람의 노동력을 대신하는 기계들은 인공지능이라는 새로운 기술을 바탕으로 스스로 학습하고 성장하는 수준으로 발전했습니다. 인류의 역사는 곧 기술의 발전과 맥을 같이했고 21세기의 인류는 100년 전,

1,000년 전과 비교할 수 없는 수준의 문명을 이룩했습니다. 기술 변화 속도는 빨라지고 인류는 편리한 생활을 영위하기 위해 또 다른 기술을 개발 중입니다.

기준금리와 주식에 대해 이야기하다 갑자기 왜 인류의 역사를 말할까요? 기술의 발전은 곧 경제에 영향을 미치기 때문입니다. 특히 중요한 것은 일터의 변화입니다. 다수의 전문가들은 코로나19 이후 영구적인 일자리 감소가 발생했다고 말합니다. 실제로 우리 주변에서 일자리가 소멸되고 있음을 느낄 수 있습니다. 식당 종업원을 대신하는 키오스크, 자동차 기업들이 상용화를 준비 중인 자율주행차, 빅테크 기업들이 도입하려는 인공지능 기술, 각 나라 중앙은행들이 실험 중인 디지털 화폐, 핀테크 기술이 접목된 간편송금, 인터넷 은행 등의 등장은 필연적으로 일자리 감소를 초래할 수밖에 없습니다.

기술적 진보가 코로나19로 인해 빨라졌다는 의견도 나오고 있습니다. 기업들이 어쩔 수 없이 재택근무를 실시하면서, 사회 전반적으로 재택근무에 대한 인식이 바뀐 일이 대표적입니다. 키오스크 도입을 꺼리던 소상공인들 역시 동시다발적으로 키오스크를 설치하고 있습니다. 그러면서 키오스크 도입 비용이 감소하고 이로 인해 키오스크는 더 확대되는 상황입니다.

더불어 2000년대 이후 인류의 삶을 바꾼 인터넷은 상품과 서비스를 소비하는 개념 자체를 바꾸었습니다. 유료 강연이나 학회 등에서만 알 수 있었던 정보가 무료로 유튜브에 업로드됩니다. 매장을 직접 방문해서 품질을 확인하고 가격 비교 후 구입을 결정했던 상품들은 집에서 클릭 몇 번만 하면 손쉽게 구입할 수 있습니다. 중간 상인의 역할은 축소되고, 정보 유통 속도는 빨라졌습니다. 상품이나 정보의 유통 비용 감소로 가격은 하향 평준화되고, 품질은 상향 평준화되는 추세입니다.

플랫폼 기업과 디플레이션의 관계

아이러니하게도 기술이 빠르게 발달할수록 경제 규모의 확장 속도는 느려지고 있습니다. 전체 소비의 횟수와 규모는 커졌지만 정보와 상품의 가격이 낮아지면서 디플레이션이 확산되는 것입니다. 이 과정에서 돈을 버는 곳은 대규모 이용자를 확보한 온라인 중개 사이트, 즉 '플랫폼 기업'들입니다. 특히 온라인 플랫폼은 보통 국경 안에 머물지 않고, 전 세계를 대상으로 사업을 하기 때문에 매출 규모에 비해 낮은 세금을 납부합니다. 그래서 정부는 이러한 기업들에 대한 규제를 원하고 있습니다. 플랫폼 기업들에 대한 규제의 목소리가 점점 높아지는 이유 중 하나입니다.

물론 정부 규제에도 플랫폼 기업들의 영향력은 쉽게 약화되지 않을 것입니다. 이미 시장에서 지배적인 입지를 다졌기 때문입니다. 한국의 네이버Naver는 초기 경쟁자였던 다음Daum과 야후Yahoo, 라이코스Lycos 등을 제치고 포털 사이트 최고 자리를 꿰찼는데요, 이후

커머스와 검색 서비스에서 압도적인 1위 자리를 놓치지 않고 있습니다.

카카오Kakao도 승승장구하는 대표적인 플랫폼 기업입니다. 먼저 무료 메신저 서비스 카카오톡Kakaotalk으로 이용자를 확보한 후, 카카오톡 아이디 하나로 쉽게 접속할 수 있는 게임, 핀테크, 금융 서비스(카카오페이, 카카오뱅크)를 론칭했습니다. 간편 서비스를 엮어 편리성을 극대화하면서 이용자들이 카카오를 사용할 수밖에 없게 만든 것입니다. 이후 웹툰, 모빌리티, 음악 스트리밍, 쇼핑 등 새로운 서비스를 추가해 이용자를 확대하고 있습니다.

최근 메타Meta로 사명을 바꾼 글로벌 SNS의 대명사 페이스북Facebook은 전 세계에서 가장 큰 영향력을 발휘하고 있습니다. 세계 각지에서 벌어들인 수익으로 인스타그램Instagram, 왓츠앱WhatsApp, 오큘러스Oculus 등 한창 성장 중인 유망 기업을 다수 인수합병해 새로운 경쟁자의 등장을 허용하지 않았죠.

구글Google은 검색 서비스와 유튜브Youtube라는 강력한 플랫폼을 통해 이용자를 대거 확보했습니다. 알고리즘 검색 서비스는 이용자를 대상으로 한 광고로 엄청난 수익을 올렸고, 유튜브는 크리에이터와 수익을 나누는 구조로 영향력을 키웠습니다. 유튜버들에게 영상을 올릴 서버를 제공하고 광고 수익을 거두게 하니 스스로 영상을 만들어 올리는 이용자가 급증했고, 이용자가 늘어나면서 구글과 유튜버의 수익이 함께 증가하는 윈윈Win-win 방식의 성장을 이룬 것이죠. 유튜브는 특히 초기 시장을 선점한 효과를 톡톡히 보고 있습니다. 양질의 영상 콘텐츠가 많은 곳에 조회 수와 수익이 몰리고, 그러면서 다시 유튜브 이용자가 더 많아지고 그 안에서 새로운 유튜버가 양산되는 상황이죠.

문제는 이 과정에서 '무료'로 제공되는 서비스가 늘었다는 점입니다. 과거에는 비용을 지불해야 사용할 수 있었는데, 이제는 무료로 사용하는 것이 더 당연해지고 있습니다. 물론 이런 과정에서 온라인 광고업이나 OTT[19] 사업자, 특수 효과, 인터넷 보안, 클라우드 서비스 등의 신사업이 등장하며 일자리를 창출했다는 순기능도 발생했습니다. 하지만 이 사업들의 공통적인 특징은 '자본 집약적'이라는 것입니다. 거대한 데이터 센터를 관리하는데 필요한 인력은 동일한 규모의 섬유 공장을 가동하는데 필요한 인력보다 훨씬 적습니다. 결과적으로 사회 전반에서 일자리가 줄고 있습니다. 기업 입장에서는 당장 비용이 감소하니 긍정적으로 보일 수 있지만, 장기적으로는 우려할 만한 부분이 많습니다. 실업자와 저임금 일자리의 증가가 경기 침체를 유도하는 최악의 시나리오로 이어질 수 있기 때문입니다.

일자리를 구하지 못한 실업자와 최저생계비만 버는 저임금 일자리 노동자가 증가하면 전체 소비 규모가 축소합니다. 기업은 시장에 상품을 공급해야 하는데 소비, 즉 수요가 감소하면 생산도 줄여

----

19) Over-The-Top. 개방된 인터넷을 통해 방송 프로그램, 영화 등 미디어 콘텐츠를 제공하는 서비스. 여기서 top은 TV 셋톱박스(set-top box)를 뜻한다.

야 합니다. 경제학자들은 이런 악순환을 두고 '21세기형 디플레이션'이라고 부릅니다. 기술 발전에 비례해서 노동의 질이 떨어지는 아이러니한 상황을 가리키는 말이죠.

정부와 중앙은행도 이런 미래에 대해서 고민하고 있습니다. 기술의 발전을 막을 수 있는 정부는 없습니다. 그렇기에 '부의 재분배'를 위해 다양한 정책을 시도하고 있는데요, 이러한 변화를 읽는 사람과 무관심한 사람의 차이는 점차 커질 수밖에 없습니다. 우선 정부는 부가 집중되는 글로벌 플랫폼 기업과 대기업, 자산가를 중심으로 증세를 추진할 것입니다. 증가한 세금을 가지고 정부가 직접 노동자를 고용하기도 하고 저임금 일자리에 대한 지원 정책도 추진하겠죠.

기업들이 반발하지 않겠냐고요? 기업들이 쉽게 반대할 수 없는 명분이 있습니다. 코로나19로 경제가 무너졌을 때, 정부는 무제한으로 국채를 발행했고 소비 보전을 위해 다양한 지원 정책을 실시했습니다. 그 덕분에 기업들과 자본가들은 본인들의 자산을 지킬 수 있었고, 그렇기에 경기가 회복되는 과정속에서 변화한 정책을 수용할 수밖에 없습니다. 이미 정부는 너무 많은 국채를 발행했고 코로나19 위기를 극복하려 쏟은 돈을 처리하려면 경제 규모를 키워 더 많은 세금을 걷어야 합니다. 연봉이 3,000만 원인 노동자에게 3억 원의 빚은 부담스럽지만, 연봉 1억 원의 노동자에게 3억 원의 빚은 금방 갚을 수 있는 금액으로 보이는 것과 같은 원리입니다. 경제 규모를 키우려면 디플레이션이 아닌 인플레이션이 필요합니다. 그런 의미에서 21세기형 디플레이션은 현재 각 나라 정부와 중앙은행이 가장 고민하는 문제입니다.

절망적인가요? 여러분에게는 아주 좋은 돌파구가 있습니다. 지금까지 살펴본 바에 따르면 현 경제 시스템에서 가장 큰 문제는 기술이 발달함에 따라 '기업'은 성장하는 반면 '노동'의 필요성이 축소된다는 데 있습니다. 그런데 대부분의 글로벌 기업들이 지분을 주식 시장에서 내놓았습니다. 우리는 언제 어디서든 주식을 사서 기업에 직접 투자할 수 있는 시대에 살고 있죠. 이것이 투자를 평생 해야 하는 이유이며, 올바른 투자 방법을 찾아야 하는 이유입니다. 그렇다면 어떤 기업에 투자해야 높은 수익을 낼 수 있을까요?

— 06 —
기업의
탄생과 성장

자본은 어떤 기업으로 향하는가

성공적으로 사업을 일군 기업이 하늘에서 뚝 떨어지는 것은 아닙니다. 대기업의 등장 배경은 시대마다 조금씩 다른데요, 우선 20세기에 등장한 대다수 기업은 거대 자본을 소유한 덩치 큰 자본가들에 의해 탄생했습니다. 대형 자본들이 신규 사업에 진출하는 과정에서 새로운 기업을 출범시키고 규모를 키운 것이죠. 우리나라 사례를 보면, 일제강점기와 6·25 전쟁 이후 폐허가 된 국토에서 일제의 잔재를 이용하거나 경제 성장기에 수완을 발휘하여 입지를 다진 사업가들이 있었습니다. 이들이 정부와 손잡고 규모를 확대했죠. 삼성, 현대, SK, LG, 대우, 롯데, 두산과 같은 대기업들이 바로 이런 과정을 거쳐 국가에 필요한 물자를 생산하고 성장했습니다.

그러나 21세기부터 기업의 성장 방식이 조금씩 변했습니다. 이미 성공을 이룬 기업보다 아직 성공의 씨앗도 안 보이는 초기 기업들에 관심을 보이는 사람이 늘었습니다. 흔히 자본은 스스로 증식하기 위해 끊임없이 이동한다고 말합니다. 투자자들 역시 자산의 증식을 위해 새로운 기업을 탐색하고 산업을 공부하는 것을 미덕으로 삼고 있습니다. 20세기 인터넷의 발달 이후 제조업보다 온라인에서 제공되는 무형의 가치가 더욱 빠른 성장을 보였고, 놀라운 성장을 보여줄 만한 초기 기업을 찾는 투자자들이 많아졌습니다.

물론 이런 흐름은 투자처를 찾는 풍부한 자본이 배경에 있었기에 나타날 수 있었습니다. 금본위제 혹은 그 이전의 경제 시스템에서 전 세계 자본은 한정되어 있었습니다. 그마저도 서로의 이권을 뺏으려는 전쟁의 연속으로 소진되고 있었죠. 그런데 제2차 세계대전 이후 핵무기가 개발되면서 대규모 전쟁의 발발이 줄었고, 대신 눈에 보이지 않는 경제 전쟁이 그 자리를 이었습니다. 경제 위기가 찾아올 때마다 각 나라는 자국 산업을 보호하고 경쟁 국가에게 뒤처지지 않기 위해 적극적인 통화 정책을 펼쳤습니다. 그 결과 시장에 너무 많은 돈이 공급되었고 넘치는 자본은 '돈을 버는 기업'이 아닌 '돈을 벌 수 있는 기업'으로 흘러가기 시작한 것입니다.

시장 규모와 점유율이 커지는 기업

메타^{Meta, 구 페이스북}나 아마존^{Amazon}, 알리바바^{Alibaba}, 쿠팡^{Coupang} 등의 기업이 대표적인 사례입니다. 가능성에 투자한다는 것은 밑 빠진 독에 물 붓기와 비슷합니다. 이제 막 인터넷 사업을 시작하는 초기 기업에 자본을 투입하고 창업주를 후원하는 것은 '돈을 벌 때까지' 유지되어야 의미가 있습니다. 그 대신 성공할 경우 보상은 어마어마합니다. 사업 모델이 이미 완성된 기업이 속한 시장의 규모나 사업 성장 속도는 어느 정도 예측이 가능합니다. 반면 초기 사업은 대개 없던 것을 개척하거나 혁신하는 일이기에 성공할 경우 차원이 다른 수익률을 기대할 수 있습니다. 이렇게 아무도 예측하지 못한 놀라운 성장을 이룬 기업들이 등장하며 투자 문화가 변했고, 그러면서 돈을 벌지 못하거나 재정 상태가 엉망인 기업에도 거리낌 없이 투자하는 이들이 많아진 것이죠.

지금의 주식 시장에도 재정 상태가 불량한 기업이 많습니다. 그런데 이런 부실 기업에 투자하면서 큰 매매 차익을 기대하는 개인 투자자들이 있습니다. 그러면서 "내가 투자하는 기업은 미래에 수천억 원을 벌 것이니 지금의 재정 상태는 걱정할 필요가 없다."라고 말합니다. 그러나 전문가들은 경고합니다. '좀비 기업'과 '**유니콘 기업**[20]'

....

20) Unicorn. 기업가치가 10억 달러(약 1조 원) 이상인 스타트업 기업을 전설 속의 동물인 유니콘에 비유해 지칭하는 말.

을 구분하라고 말이죠.

예를 들어 2021년 미국 증시에 상장한 쿠팡은 한국인이라면 모두 아는 성공한 유니콘 기업입니다. 하지만 쿠팡과 경쟁하던 쿠차 Coocha, 위메프Wemakeprice, 티몬Tmon은 갈수록 성장 속도가 줄어들면서 투자자들의 기대에 부응하지 못했습니다. 신생 기업이 초기에는 유니콘 기업 후보로 주목받아도 사업 모델을 확립하는 단계에서 난관에 부딪히고 경쟁자에게 주도권을 빼앗기면, 결국 끝없이 돈이 들어가는 좀비 기업으로 전락할 수 있습니다. 그렇기에 스타트업 등 초기 기업에 투자할 때는 리스크를 반드시 숙지하고 있어야 합니다.

신생 기업이 성공하는 데 가장 중요한 것은 '시장 규모Market Volume'와 '시장 점유율Market Share'입니다. 시장 규모는 성장 속도를 가늠하는 지표로 쓸 수 있고 시장 점유율은 회사의 팽창 속도와 영향력을 확인할 때 사용합니다. 네이버쇼핑을 예로 들어보겠습니다. 2015년 온라인 쇼핑 결제 금액을 기준으로 네이버는 4% 정도의 시장 점유율을 기록했습니다. 하지만 4년이 지난 2019년 1분기 기준 네이버쇼핑의 시장 점유율은 13%, 2020년 시장 점유율은 18%를 넘어섰죠. 온라인 쇼핑 시장 규모가 커지는 과정에서 시장 점유율을 지속적으로 끌어올린 네이버는 온라인 쇼핑 부문에서만 2021년 1분기 3,200억 원이라는 기록적인 영업 이익을 올렸습니다. 이것은 2020년 1분기 2,300억 원에서 약 40%나 증가한 기록으로, 이를 통해 네이버쇼핑이 온라인 쇼핑 부문의 절대 강자로 자리 잡은 것을 확인할 수 있습니다.

온라인 쇼핑 시장은 앞으로도 계속 규모가 커질 수밖에 없습니다. 규모가 커지는 시장에서 점유율을 확대해가는 사업은 '황금알을 낳는 거위'라고 할 수 있습니다. 이렇게 성장성이 뚜렷한 시장에서 지배적 사업자로 평가받는 네이버는 온라인 쇼핑 부문만 고려하더라도 장기적으로 투자해야겠죠. 기업 혹은 시장이 성장하는 단계에서는 매출이 증가하고 이익 역시 **순증**[21]합니다. 하지만 시장 규모의 확대가 한계에 이르면 투자 아이디어 역시 바뀌어야 하죠.

시장 규모와 점유율이 작아지는 기업

이번에는 또 다른 예로 스마트폰 시장을 살펴볼까요? 2007년 애플Apple의 아이폰이 등장한 이후 새로운 시장이 열렸습니다. 노키아Nokia, 블랙베리Blackberry, 모토로라Motorola, 필립스Philips, LG, 팬택, 소니Sony, 파나소닉Panasonic, 도시바Toshiba 등 휴대폰 기종을 생산하는 브랜드들의 시장 점유율은 빠르게 떨어졌고 애플과 삼성전자의 점유율은 급격히 상승하면서 스마트폰 시장의 강자와 약자가 구분되기 시작했습니다. 스마트폰은 초기엔 유럽, 미국, 동아시아 등 경제 규모가 상위권인 국가의 10~30대 소비자를 중심으로 확산되었습

....

21) 실질적인 순전한 증가.

니다. 이후 중년층, 장년층까지 소비자층이 확산되었고 신규 고객 유입으로 시장 규모는 지속적으로 팽창했습니다. 이 과정에서 스마트폰 판매량은 매년 최고치를 경신했고 삼성전자와 애플의 매출도 꾸준히 증가했죠. 이후 중국이나 동남아시아, 남아메리카와 아프리카 등 개발도상국에서도 스마트폰이 팔리기 시작하면서 절대 판매량은 꾸준히 늘었습니다. 이때 화웨이Huawei나 샤오미Xiaomi, 오포OPPO, 비보VIVO 같은 글로벌 중저가 브랜드도 성장했죠.

하지만 거의 전 인류가 스마트폰을 소지하자 판매량이 멈추기 시작했습니다. 스마트폰 1대 사용 기간이 평균적으로 2년 정도이고, 전 세계 인구는 70억 명이므로 단순히 계산하면 1년에 약 35억 대만 팔리는 시장이 된 것입니다. 10년 동안 멈추지 않고 성장한 스마트폰 시장은 새로 개척할 영역이 더는 남지 않았고, 시장 참여자들은 이제 서로의 점유율을 뺏기 위해 싸우게 되었습니다. 경쟁적으로 변화를 추구하는 것은 물론, 출시 일정 조정 등의 전략 싸움이 필수가 되었죠.

그런데 이런 상황에서 애플은 또 한번의 혁신을 보여줍니다. 경쟁 업체들은 스마트폰 시장의 한계가 보이자 태블릿처럼 스마트폰과 유사한 제품을 출시하며 시장 확대를 꾀한 반면, 애플은 유선 이어폰의 불편함을 감지하고 '에어팟AirPods'이라는 새로운 하드웨어를 출시하며 3.5mm 유선 이어폰 단자를 제거하는 과감한 시도를 합니다. 스마트폰과 연계된 새로운 시장을 개척한 것이죠. 결과는 대성공이었습니다. 출시 초기에는 매출에 대한 의구심이 많았지만

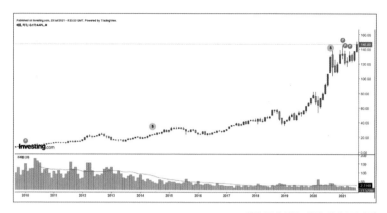

애플 주가 흐름, 출처: 인베스팅닷컴

2020년 4분기 기준 에어팟은 10조 원이 넘는 매출을 올린 착한 라 인업이 되었습니다. 높은 스마트폰 점유율을 무기로 무선 이어폰이 라는 신규 시장을 개척한 애플의 주가는 상승세를 이어갔고 애플 은 전 세계 시가총액 1위 기업에 등극했습니다. 스마트폰의 성장은 멈추었지만 **웨어러블 기기**[22]로 분류할 수 있는 무선 이어폰, 스마트 워치 등의 시장이 신규 성장 **모멘텀**[23]을 만들고 있습니다.

한편, 1980년대 시가총액 1위였던 IBM은 현재 빅테크로 불리는 애플, 아마존, 구글, 메타ᵁ 페이스북, 마이크로소프트 등에 비해 주목받 지 못합니다. 전자 계산기를 판매하다가 컴퓨터라는 새로운 연산 장비를 개발한 IBM은 한 시대를 바꾼 혁신 기업으로 불렸죠. 인텔

....

22) Wearable. 신체에 착용할 수 있는 기기.
23) Momentum. 회사 주가가 오를 만한 소재.

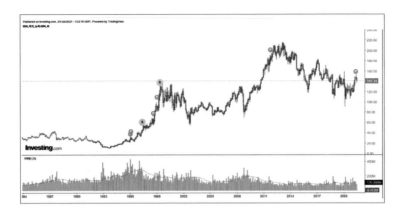

IBM 주가 흐름, 출처: 인베스팅닷컴

과 마이크로소프트 역시 IBM의 그늘 아래에서 성장했습니다. 그
러나 기업용 컴퓨터에만 몰두했던 IBM은 변화의 흐름을 놓쳤고 자
기 그늘 아래 있던 인텔와 마이크로소프트에 시장 점유율을 내주
었습니다. 결국 1995년 윈도우95의 등장과 함께 마이크로소프트
가 시가총액 1위로 올라섰고, 이어 인텔이 시가총액 2위을 기록하
며 IBM의 시대는 막을 내렸습니다.

　이렇듯 시장 규모의 성장성과 시장 점유율의 등락은 고성장 기
업의 미래 방향성을 결정하므로 투자할 때 중요한 지표가 됩니다.
MP3 시장이나, 지금은 사라진 **피처폰**[24] 시장처럼 규모가 급속도
로 축소되는 시장이라고 판단되면, 투자 금액을 줄이거나 투자를
중단하고 새롭게 성장하는 시장으로 빠르게 갈아타야 합니다.

....

24) Feature phone. 스마트보다 성능이 좋지 않고 상대적으로 가격이 낮은 휴대폰.

— 07 —
성장주의
투자 전략

스타벅스로 알아보는 성장주의 주가

철강, 구리, 알루미늄, 식품, 음료 등의 필수 소비재 시장처럼 시장 규모가 일정한 상황에서는 어떤 전략으로 투자할 수 있을까요?

식음료 프랜차이즈 기업을 떠올려봅시다. 대부분 지역 사회를 거쳐 전국 단위로 매출 규모를 키웁니다. 그러다 국내 시장이 포화 상태가 되면 또 다른 시장, 그러니까 해외 진출을 통해 매출 규모를 키우려 노력합니다. 그러나 많은 기업들이 해외 시장 적응에 실패하거나 국내 시장에서 발생한 이익을 해외 영업에 쓰면서 오히려 성장의 정체기를 맞이하기도 합니다. 반대로 해외 적응에 성공하면 글로벌 시장에서 성장을 이어갈 수 있죠. 대표적으로 스타벅스

Starbucks와 맥도날드Mcdonalds, 버거킹Burgerking, 도미노피자Domino's, 파파존스PapaJohn's 등이 있습니다.

이런 기업들은 미국을 넘어 유럽, 아시아, 오세아니아 등에 진출하면서 매출 규모와 기업가치를 키워갑니다. 사업 확장이 순조로운 상황에서 주가 우상향이 당연해 보이는 이런 기업들을 '성장주'라고 분류합니다. 성장주의 경우엔 매출 증가 속도, 이익 증가 속도, 시장 점유율 증가 속도, 시장 규모 증가 속도를 보면서 대략적인 주가 상승 속도를 그려볼 수 있습니다.

예를 들어 2021년 스타벅스의 매장이 1만 개이고, 2022년의 예상 매장 수가 1만 2,000개라고 한다면 20% 성장할 수 있습니다. 또한 커피 프랜차이즈 시장 규모가 10조 원이고 스타벅스 점유율이 30%라면 3조 원 수준의 매출을 기대할 수 있습니다. 1년 뒤 시장 규모가 12조 원으로 커진다고 가정하고 스타벅스 점유율이 동일하다면 3조 6,000억 원 수준의 매출이 기대되므로 마찬가지로 20%의 성장을 이룰 수 있는 것이죠. 하지만 전 세계 주요 도시 골목마다 스타벅스가 자리 잡았고, 미국을 넘어 유럽, 중국 시장까지 포화 상태라고 하는 최근에도 스타벅스가 '우량주'이며 '매력적인 투자 상품'이라고 이야기하는 전문가가 많습니다. 실제로 미국 증시 애널리스트들도 스타벅스에 대한 투자 의견을 낼 때 목표 주가를 꾸준히 상향하는 모습을 볼 수 있습니다.

그림은 스타벅스에 대한 전문가들의 투자 의견을 정리한 것입니다. 녹색으로 표시한 부분은 목표 주가를 상향한 것이고, 나머지는

Jul-23-21	Upgrade	Robert W. Baird	Neutral → Outperform	$117 → $142
Apr-06-21	Initiated	Atlantic Equities	Overweight	$128
Mar-19-21	Upgrade	Wedbush	Neutral → Outperform	$108 → $124
Mar-17-21	Reiterated	Telsey Advisory Group	Market Perform	$108 → $120
Mar-16-21	Upgrade	BTIG Research	Neutral → Buy	$130
Feb-23-21	Upgrade	BMO Capital Markets	Market Perform → Outperform	$102 → $120
Feb-05-21	Upgrade	Gordon Haskett	Hold → Buy	$102 → $120
Jan-27-21	Reiterated	Telsey Advisory Group	Market Perform	$102 → $108
Jan-19-21	Initiated	Goldman	Buy	$115
Dec-10-20	Reiterated	Telsey Advisory Group	Market Perform	$94 → $102
Oct-30-20	Reiterated	Telsey Advisory Group	Market Perform	$90 → $94
Oct-26-20	Reiterated	RBC Capital Mkts	Outperform	$89 → $97
Oct-05-20	Reiterated	Oppenheimer	Outperform	$85 → $101
Sep-30-20	Upgrade	Cowen	Market Perform → Outperform	$77 → $99
Sep-30-20	Reiterated	Telsey Advisory Group	Market Perform	$80 → $90
Sep-21-20	Reiterated	JP Morgan	Neutral	$76 → $80
Aug-25-20	Upgrade	Stifel	Hold → Buy	$90
Jul-20-20	Initiated	Wells Fargo	Overweight	$92
Jun-24-20	Reiterated	JP Morgan	Neutral	$73 → $78
Jun-23-20	Reiterated	Telsey Advisory Group	Market Perform	$90 → $80

미국 증권사 리포트의 '스타벅스' 투자 의견, 출처: Finviz.com

투자 의견을 전과 동일하게 유지한 것입니다. 가장 오른쪽 숫자들
은 1주당 목표 주가를 나타낸 것이죠. 대부분의 전문가들이 점포
확장이 더는 어렵다고 이야기하는 스타벅스에 대해, 주가가 우상
향할 테니 사라는 투자 의견을 제시하는 이유는 무엇일까요?

배당금, 스타벅스가 매력적인 이유

일반적으로 기업이 사업을 시작하는 초기 단계에는 투자자와 기업
가 모두 규모의 성장을 추구합니다. 규모가 커질수록 경쟁력이 커
지고, 시장 점유율이 확대될수록 기업가치가 올라가고 주가도 상
승하죠. 하지만 일정 수준의 규모를 넘으면 안정적인 매출과 이익
은 보장되지만 성장 속도가 느려지고 투자자들은 새로운 성장주를
찾아 떠날 수도 있습니다. 이때 기업은 투자자들이 떠나지 않도록
일정 부분 보상을 지급하는데 이것이 '배당'입니다. 성장 속도는 느
려졌지만 이익의 일부를 배당으로 지급해서 장기 투자자들의 투자

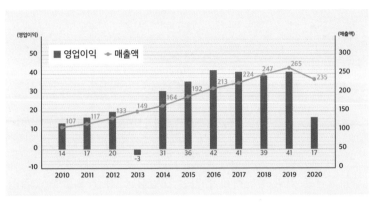

금 회수를 막는 것이죠.

스타벅스는 매년 성장을 거듭하는 기업이지만 10년 전에 비해 최근 성장 속도는 투자자들에게 매력적이지 않을 수 있습니다. 실제로 스타벅스는 2010년부터 2016년까지(2013년 제외) 꾸준히 10% 이상 영업 이익이 성장해왔습니다. 다만, 2016년 이후부터는 경쟁이 과열되고 비용이 증가하면서 매출이 증가해도 영업 이익은 정체되었죠. 이익을 올리려는 시도는 계속되었습니다. **사이렌 오더**[25]라는 IT 기술을 도입하고, 커피 외 한정판 상품을 판매하며, 이탈리아나 중국 등 새로운 시장 개척에도 도전했죠. 또한 스타벅스 리저브라는 고급 라인을 론칭하고 코로나19에 맞춰 **드라이브 스루**[26]

....

25) Siren order. 스타벅스가 자체 도입한 스마트 오더(스마트폰 또는 기타 스마트 기기로 음식이나 음료를 주문하는 시스템).
26) Drive-through. 자동차에 탄 채로 쇼핑할 수 있는 상점.

배당락일	배당	유형	지불일	수익률
2021년 08월 11일	0.45	3M	2021년 08월 27일	1.47%
2021년 05월 12일	0.45	3M	2021년 05월 28일	1.61%
2021년 02월 17일	0.45	3M	2021년 03월 05일	1.62%
2020년 11월 10일	0.45	3M	2020년 11월 27일	1.75%
2020년 08월 06일	0.41	3M	2020년 08월 21일	1.93%
2020년 05월 07일	0.41	3M	2020년 05월 22일	2.17%
2020년 02월 05일	0.41	3M	2020년 02월 21일	2.11%
2019년 11월 12일	0.41	3M	2019년 11월 29일	1.85%
2019년 08월 07일	0.36	3M	2019년 08월 23일	1.71%
2019년 05월 08일	0.36	3M	2019년 05월 24일	1.59%
2019년 02월 06일	0.36	3M	2019년 02월 22일	1.90%
2018년 11월 14일	0.36	3M	2018년 11월 30일	2.17%
2018년 08월 08일	0.36	3M	2018년 08월 24일	2.45%
2018년 05월 09일	0.3	3M	2018년 05월 25일	2.10%
2018년 02월 07일	0.3	3M	2018년 02월 23일	2.08%
2017년 11월 15일	0.3	3M	2017년 12월 01일	1.95%
2017년 08월 08일	0.25	3M	2017년 08월 25일	1.81%
2017년 05월 09일	0.25	3M	2017년 05월 26일	1.71%

스타벅스 배당금, 출처: Investing.com

매장을 확대하는 등 매장을 찾는 고객 경험을 확대하려는 노력도 아끼지 않았습니다.

안타깝게도 투자자들에게 중요한 것은 기업이 한 행위보다, 그 행위의 결과로 나타난 매출, 이익, 시장 점유율 같은 '수치의 변화'입니다. 그런 측면에서 스타벅스라는 기업을 보면, 매출은 성장하지만 이익은 성장하지 못한다는 점에서 투자 매력도가 다소 떨어질 수 있습니다. 그럼에도 불구하고 많은 전문가들이 매수 혹은 목표 주가 상향을 외치는 이유는 무엇일까요? 힌트는 스타벅스의 배당금에서 찾을 수 있습니다.

스타벅스는 글로벌 시장에 성공적으로 자리 잡은 후인 2010년 부터 배당금을 지급했습니다. 2010년 0.18달러였던 연간 배당금은 2020년 1.68달러로 약 933% 증가했고, 스타벅스는 앞으로도 배 당금을 지속적으로 늘리겠다고 밝혔죠. 10년 동안 주가는 11달러 에서 125달러로 1,136% 상승했습니다. 전문가들은 당분간 스타벅 스 매출 성장이 계속되고, 배당금도 꾸준히 늘어날 것이라고 전망 합니다. 투자 의견을 '매수'에 두는 이유가 여기에 있죠. 10년 전 11 달러에 스타벅스 주식을 매수한 사람이라면 2020년에는 배당금만 으로도 원금 대비 15.3%의 수익을 냈을 것입니다. 5년 뒤, 10년 뒤 에도 배당 정책이 동일하다면 언젠가는 원금보다 많은 배당금을 지급받을 수도 있습니다. 그래서 전문가 그룹은 여전히 스타벅스가 매력적인 기업이라고 표현하는 것입니다.

기업 성장 주기와 주식 투자

두 장에 걸쳐 이커머스 기업들과 애플, IBM, 스타벅스 등의 예시를 보며 기업 성장 과정을 살펴보았습니다. 시장이 태동하는 초기에는 수많은 기업들이 출사표를 던지고 투자자들의 관심을 끌지만 결국 엔 효율적인 시스템으로 시장 점유율을 빠르게 끌어올린 기업이 살아남습니다. 이후 시장이 성숙기에 접어들면서 도태되는 기업과 높은 시장 점유율을 유지하는 기업으로 나뉘고, 지역 경제를 넘어

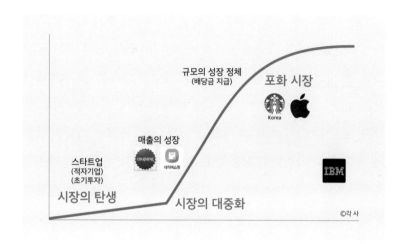

기업의 생애 주기

국내 시장을 접수하고 해외 시장까지 진출하면 그때부터 시장 규모가 더 커지긴 어렵습니다. 그림을 통해 이러한 구조를 확인할 수 있습니다.

혁신 기업으로 불리는 많은 신생 사업자들이 초기 투자금으로 새로운 시장을 개척하고 이를 확대하는 동시에 흑자 전환을 위해 여러 비즈니스 모델을 시험합니다. 이후 안정적인 매출을 올리면서 마이크로소프트의 윈도우, 애플의 아이폰, 구글의 유튜브처럼 글로벌 표준이 되기 위해 노력하죠. 앞서 살핀 쿠팡과 네이버쇼핑은 매출이 성장하고 시장이 대중화되는 단계에 있습니다.

반면 스타벅스는 포화 시장에 속한 기업입니다. 그렇기에 향후 매출 성장에 비례해 늘어나는 배당을 기대할 수 있습니다. 마찬가지로 애플은 가장 큰 매출원인 스마트폰 시장이 포화 상태고, 그 안에서 다른 경쟁사와 시장 점유율 싸움을 하고 있어 추가 성장을 기대하기 힘들었습니다. 그런데 놀랍게도 에어팟이라는 신규 시장을 개척해 또 다른 매출 성장을 끌어냈죠. 게다가 애플은 전 세계에서 현금 순환율이 가장 좋은 기업이며 배당에 매우 적극적이기도 합니다. (부채를 만들어 배당을 할 정도죠.) 그와 달리 IBM은 기업용 컴퓨터 시장에서는 1위를 유지했으나, 개인용 컴퓨터 시장에서 마이크로소프트와 인텔, 애플에 혁신 기업 자리를 내주고 지금은 시장의 관심 밖에 있습니다. (실제로 주가 역시 최근 몇 년간 우하향했죠.)

이렇듯 성장 기업에 대한 투자는, 기업 고유의 사업 영역(혹은 매출 영역)과 그 사업이 속한 시장 규모를 살피고 진행해야 합니다. 시장 점유율의 등락에 따라 성공과 실패가 갈리기 때문입니다. 내가 투자하는 기업이 변화하는 환경에 얼마나 잘 적응하는지, 시장을 이끄는 선도 기업인지 아닌지 파악하시기 바랍니다. 그리고 혁신, 성장, 배당 등의 관점에서 제대로 된 길을 가는지 살펴보는 것이 중요합니다.

─ 08 ─
가치주의
투자 전략

가치주란 무엇일까?

앞서 네이버와 쿠팡, 애플을 예로 들어 '성장주'에 대해 설명했습니다. 하지만 전 세계 모든 기업들이 이들과 같은 사업 모델로 장사를 하진 않습니다. LG전자처럼 혁신 기기보다는 전통적인 가전제품 위주로 성장한 기업도 있고, 포스코 같이 철강제품을 판매하는 기업도 있습니다. 이런 기업을 흔히 '제조 기업'으로 분류하는데요, 주식 시장에서는 이를 '시클리컬Cyclical, 경기 민감 산업'이라고도 합니다. 그렇다면 이런 제조업, 시클리컬 산업은 어떤 관점으로 해석해야 할까요?

18세기 후반 유럽에서 방적기라는 기계가 등장했습니다. 동물이나 식물에서 추출된 섬유를 가공해 의류의 기본 재료가 되는 실을 만드는 기계입니다. 방적기의 기본 원리는 사람 손으로 실을 뽑아내던 물레의 대형화, 자동화입니다. 방적기의 등장으로 한 번에 여러 가닥의 실을 뽑아내면서 의류 산업의 규모는 엄청나게 팽창합니다. 그 과정에서 방적기를 전문적으로 생산하는 기업, 의류를 전문적으로 생산하는 기업, 의류를 전문적으로 유통하는 기업 등 특정 분야에 집중하는 기업들이 탄생하고 성장하기 시작했습니다. 이후 새로운 기술도 지속적으로 개발되며 산업이 확정되었습니다. 즉 18세기에 의류 관련 기업은 세상의 혁신을 주도한 '성장하는 기업'이었던 셈입니다.

스코틀랜드의 기술자 제임스 와트^{James Watt}는 '증기 기관의 아버지'로 불립니다. 그가 증기 기관을 처음 발명한 것은 아니고 기존 증기 기관의 효율성을 개선했기 때문인데요, 이는 사람과 기계 사이의 균형을 무너뜨리는 시발점이 되었습니다. 와트의 증기 기관을 활용한 증기선, 증기 자동차, 증기 기관차 등이 등장하면서, 이전까지 사람이나 말의 힘을 이용하던 운송 수단이 석탄이라는 '연료'로 돌아가기 시작합니다. 이후 다양한 기계 장치 덕에 생산력이 급격히 늘었고 원료 수급과 제품 공급 역시 대규모화되면서 관련 기업들은 눈부시게 성장했습니다.

그 이후로 석탄을 사용하던 증기 기관은 석유를 사용하는 전동기(엔진)로 바뀌었고, 전동기를 활용한 자동차와 비행기 등이 발명됩니다. 세탁기, 냉장고 등의 가전제품도 등장합니다. 지금은 이런 가전제품을 모든 가정에서 하나 혹은 그 이상 보유하고 있는 것이 당연하지만, 상품이 출시된 20세기 초반에는 이제 막 지역 사회를 넘어 미국, 유럽 등의 선진국을 중심으로 시장이 확장되고 있었습니다. 한국은 그 당시 개발도상국이었기에 옛 영화나 드라마에 자동차나 TV, 라디오가 있는 집은 부잣집이라는 설정이 나오기도 했죠.

그런데 21세기에는 섬유를 생산하고, 의복을 판매하며, 가전제품을 생산하는 기업들이 성장 기업으로 분류되지 않습니다. 이미 전 세계 대부분의 사람들이 저렴한 가격으로 의복을 살 수 있고, 라디오는 기술의 진보를 따라가지 못해 사라질 위기에 처해 있기 때문이죠. TV는 모든 집에 1대 이상씩 있고 대형화, 고급화는 진행될 만큼 진행되었습니다. 벽걸이 TV를 넘어 화면이 숨어있다가 튀어나오는 롤러블Rollable TV까지 세상에 나왔죠. 그럼에도 기본적인 기능이 변하지 않으니 신기하다고만 생각할 뿐, 없으면 안 되거나 '세상을 바꾸는' 제품은 아니기에 혁신이라는 단어를 사용하지는 않습니다.

그렇다면 이런 기업들에는 투자하면 안 될까요? 그렇지 않습니다. 성장주만 투자 가치가 있는 게 아닙니다. 물론 미국 금융의 중심 월스트리트만 해도 애플, 메타구 페이스북, 넷플릭스Netflix, 테슬라Tesla 등의 혁신 기업에만 투자하는 전문가가 있습니다. 하지만 주식 투자에 정답은 없습니다. 투자 시기만 적절하면 가치주를 통해 혁신 기업보다 훨씬 더 큰 수익률을 거둘 수도 있습니다.

LG전자 주가 차트를 보겠습니다. 2008년 금융 위기 때의 고점

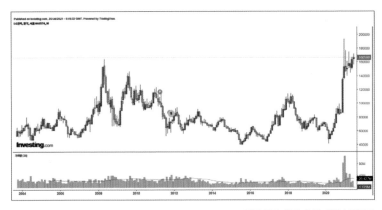

LG전자 주가 흐름, 출처: 인베스팅닷컴

을 2020년까지 넘지 못하고 있죠. LG전자뿐만 아니라 제조업 혹은 시클리컬 산업에 속한 많은 기업들의 차트가 비슷합니다. 이런 기업들의 장기 주가 차트를 보면 2008년 금융 위기 혹은 2015년 **중국 시장 버블 붕괴**[27] 때의 고점을 오랜 기간 넘지 못합니다. 그렇다면 이러한 경기 민감 기업에 대한 투자 아이디어는 어떻게 얻을 수 있을까요?

....

27) 2015년 6월 15일, 중국의 상해종합지수가 급락하기 시작해 8월 말까지 주가 지수가 50% 가까이 떨어진 사건. 버블이 오기 전까지 중국 상해종합지수는 공산당의 주식 시장 개입 정책으로 2014년 1월 2,000pt, 2015년 7월 5,000pt까지 올랐었다. 이는 지수 자체가 1년 6개월 만에 250% 상승했던 기록적인 버블 중 하나였다.

가치주의 투자 전략

먼저 살핀 '성장주'와 대비되는 개념으로 소위 '가치주'라 하는 기업들은 2가지 관점에서 투자 전략을 세울 수 있습니다. 첫 번째는 주가 차익을 노리는 것입니다. 예를 들어 기업의 시장 점유율이 확대되거나 신규 시장에 진출한다는 소식이 들리면, 주가 성장을 기대하며 투자 비중을 조절하는 것이죠. 2020년 코로나19 사태가 본격화하면서 매장을 방문하지 않고 인터넷으로 물건을 구입하는 소비자가 증가했습니다. 덕분에 전 세계 택배 기업들의 매출이 크게 늘었습니다. 게다가 코로나19 백신을 빠르고 정확하게 운반하는 것이 세계적으로 중요해지면서 글로벌 물류 기업들에 대한 수요 역시 커졌습니다.

글로벌 물류 기업인 페덱스^{FedEx}는 코로나19 위기 때 1주당 120달러에 거래되었습니다. 2019년만 해도 실적 악화로 주가의 흐름이 좋지 않았지만 불과 몇 달 만에 역사적인 **신고가**[28]를 기록했죠. 2020년 6월부터 10월까지 약 5개월간 주가 상승률은 240%였습니다. 2018년 이후 제자리걸음이던 배당금도 2021년 0.65달러에서 0.75달러로 오르면서 실적 증가에 대한 보상도 늘었습니다.

두 번째 투자 아이디어가 바로 이것입니다. 실적 증가에 따른 배당 증가와 장기 투자에 따른 높은 수익률을 목표로 삼는 것. 앞서

....

[28] 주가가 과거에 없었던 최고 가격을 기록한 경우, 그 가격을 신고가라 한다.

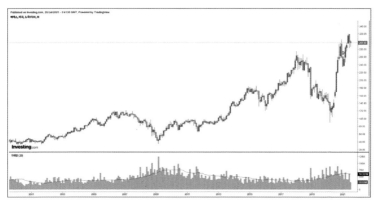

페덱스 주가 흐름, 출처: 인베스팅닷컴

스타벅스의 예시에서도 확인할 수 있듯 시장이 포화 상태에 이르면 기업의 실적 증가 속도가 둔화될 수밖에 없습니다. 이런 시기가 닥치면 투자자들은 기업의 주가 차익보다는 장기 투자 관점에서 사업이 오래 지속될 수 있는지를 보고, 해당 기업의 경쟁력이 유지될 수 있는지 고민합니다. 그리고 시장 규모와 시장 점유율 측면에서 만족스러운 기업에 투자해 장기적인 관점에서 5년 뒤, 10년 뒤의 배당 수익률을 기대하는 것이죠.

워런 버핏Warren Buffett이 장기 투자하는 코카콜라Coca-Cola가 대표적입니다. 1986년부터 코카콜라의 지분을 매입하기 시작한 워런 버핏의 투자사 버크셔 해서웨이Berkshire Hathaway Inc.는 현재 코카콜라 지분을 9.28%(2021년 기준) 보유한 최대주주입니다. 이 외에도 세계적인 자산 운용사 뱅가드Vanguard Group, Inc.와 블랙록BlackRock이 5% 이상 지분 투자자로 등재되어 있죠. 1980년대 후반 미국과 유럽 시장을 중심으로 성장한 코카콜라는 곧 세계 시장을 제패했고, 현재 북한과 쿠바를 제외한 모든 국가에서 음료를 판매하는 기업이 되었습니다. 그렇다면 워런 버핏은 코카콜라로 얼마를 벌었을까요? 지금까지 받은 배당금만 총 86억 달러(약 10조 원, 2021년 4월 기준)에 달합니다. 물론 주식을 산 비용도 고려해야 합니다. 버크셔 해서웨이는 1994년까지 코카콜라를 꾸준히 매수한 것으로 알려져 있는데, 당시 주가인 10달러를 평균 매수 가격이라고 칩시다. 2020년 기준 배당금은 1주당 1.64달러이므로, 투자 원금 대비 16.4%(1.64달러/10달러×100)의 수익이 매년 발생하는 것입니다.

결국 워런 버핏이 코카콜라의 글로벌 성장기에 투자를 시작해서 가치주가 된 지금까지 주식을 보유하는 것은 연간 수익률이 높기 때문입니다. 앞으로 시장 규모가 더 커지면 배당금의 증가도 기대할 수 있겠죠. 다만 이런 투자 패턴은 호흡이 긴 편이라 개인 투자자가 따라 하기에 답답할 수 있습니다. 그래도 우리는 주식 시장의 수급(수요와 공급)을 좌우하는 큰손 투자자들의 선택 기준을 이해할 필요가 있습니다. 이들의 투자 아이디어를 아는 것과 모르는 것이 큰 차이를 만들기 때문입니다.

한국과 미국의
주주 환원 정책

한국의 가치주

이쯤에서 여러분은 "한국 시장에 코카콜라 같은 기업은 없잖아?"
라고 반문할 수 있습니다. 한국은 6·25 전쟁 이후 사업 수완이 좋
은 일부 자본가와 정부가 중심이 되어 발전해왔습니다. 그 결과 한
국 주식 시장에서 개인 투자자 혹은 **재무적 투자자**[29]의 발언권은
없는 것과 마찬가지였습니다. 그래서 세계적인 기준에서 한국 시장
은 매력적이지 않았습니다. 더욱이 IMF 경제 위기 이전의 한국은

---

[29] Financial investor. 사업을 할 때 자금이 필요할 경우 사업의 운영에는 참여하지 않고 수익만을
목적으로 투자자금을 조달해주는 투자자.

외국인 투자 규제가 심한, 폐쇄적인 시장이기도 했죠. 하지만 21세기에 접어들면서 한국의 위상이 달라지기 시작했습니다. 현대차의 아반떼(수출명 엘란트라), 쏘나타부터 기아차의 K 시리즈, 삼성전자의 갤럭시 시리즈와 메모리 반도체, LG전자의 가전제품 등 글로벌 시장에서도 경쟁력을 가진 우수한 상품들이 출시되었습니다. 이런

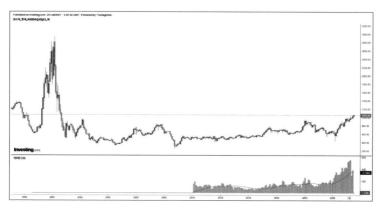

코스닥 지수의 흐름, 출처: 인베스팅닷컴

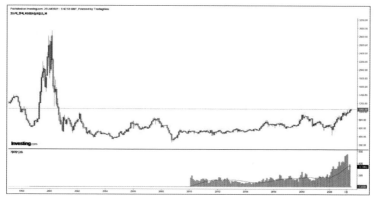

코스닥 지수의 흐름, 출처: 인베스팅닷컴

제품들을 기반으로 한국의 수출 규모가 커지면서 글로벌 투자자들의 관심도 자연스럽게 증가했습니다.

그런데 한국 주식 시장은 '박스피'라는 별명처럼 상당 기간 박스처럼 보이는 답답한 구간에 갇혀 있었습니다. 전체 주식 시장의 가격 흐름이 우측으로 갈수록 오르는 게 아니라, 우측으로 가도 일직선으로 걷기만 하는 우전진 일변도의 시장이었습니다. 2007년 세계적으로 물가가 오르는 인플레이션이 발생했는데, 그때 코스피 지수는 2,070pt 수준이었습니다. 그리고 그로부터 10여 년이 흐른 2019년 말 코스피 지수가 2,190pt였습니다. 10년이 넘는 간극을 두고 비교했음에도 그 차이가 불과 120pt라는 점만 봐도 심각하게 정체되었음을 알 수 있죠. 많은 전문가들이 한국 증시의 **횡보**[30]를 두고 다양한 분석을 내놓았지만, 우리가 기억할 중요한 사실은

시점	당기순이익 (100만 원)	현금배당금 (100만 원)	배당성향 (%)
2019	33,637,800	13,058,800	27.3
2017	85,463,500	14,714,000	17.5
2015	56,989,100	15,274,900	21.3
2013	44,003,100	10,064,800	18.3
2011	48,261,100	9,626,200	16.1
2009	43,804,700	8,846,200	16.4
2007	45,634,000	9,608,000	21.1
2005	42,728,000	7,882,200	19.2

유가증권 상장사 배당 현황, 출처: 한국거래소, 「증권·파생상품시장통계」

....
30) 위아래 방향성 없이 비슷한 수준에서 거래되는 현상.

2019년 코스피 전체 배당금이 2007년에 비해 크게 달라지지 않다는 겁니다.

2007년 글로벌 인플레이션 당시 코스피 전체 현금 배당금은 9조 6천억 원이었습니다. 그리고 2019년 기준 코스피 시장 전체의 현금 배당금은 13조 원으로, 고작 35% 정도인 약 3조 4천억 원이 올랐을 뿐입니다. 2019년 이전에 가장 많은 배당금을 지급했던 해인 2016년에도 현금 배당금은 약 17조 원 수준이었습니다. 9년 전인 2007년에 비해 약 77% 증가하는 것에 그쳤죠. 물론 배당금이 조금이라도 증가했다는 점을 긍정적으로 볼 수도 있습니다. 그렇지만 기준을 글로벌 시장에 두고 우상향하는 미국 증시를 보면, 한국 주식 시장이 횡보하는 이유를 쉽게 찾을 수 있습니다.

미국의 가치주

미국의 대표 주가 지수 **S&P500**[31]의 경우 2001년 닷컴 버블과 2008년 리먼 브라더스 위기 때를 제외하고는 매년 배당금이 증가했습니다. 특히 2008년 리먼 브라더스 사태 이후 4년 동안은 매년 약 2배씩 상승하는 모습을 보여줍니다. 매해 엄청난 규모로 늘

....

31) Standard & Poor's 500 index. 미국의 스탠더드 앤드 푸어(Standard & Poor)사가 작성해 발표하는 주가 지수로 500개의 글로벌 기업 주식을 포함한다.

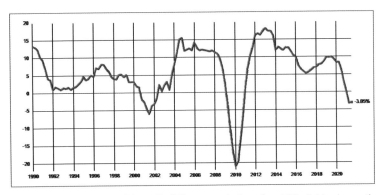

S&P500의 현금 배당금 흐름, 출처: www.multpl.com/s-p-500-dividend-growth

어나는 현금 배당금은 주가 상승을 이끌었습니다. 2011년 배당금이 2010년 대비 16.26% 증가한 것을 시작으로, 2012년 18.25%, 2013년 11.99%, 2014년 12.72% 등 매년 꾸준히 증가한 배당금은 S&P500지수(혹은 미국 증시)가 우상향하는 근거가 되기에 충분했죠. 이렇게 기업이 배당으로 투자자에게 이익의 일부를 보상하는 것을 시장에서는 주주 환원 정책이라고 합니다.

글로벌 시장에서 주주 환원 정책은 매우 중요한 기준입니다. 매년 실적과 배당금이 증가하는 S&P500을 보다가, 실적은 증가하지만 배당금은 늘지 않는 코스피를 보면 장기 투자할 마음이 사라질 수밖에 없습니다. 실제로 글로벌 투자자들은 국내 주식에 이렇게 접근합니다. 삼성전자나 SK하이닉스처럼 세계 시장에서도 막강한 점유율과 성장성을 보여주는 기업은 장기적으로 투자합니다. 반면 금융, 화학, 소비재, 통신 등 매년 실적이 성장하지만 배당은 늘지 않는 기업은 저평가되었을 때만 매수하고, 그마저도 적당히 주가가 오르면 바로 매도해서 차익을 실현하는 식입니다.

주주 환원 정책에는 배당만 있는 게 아닙니다. 자사주 매입도 주주 환원 정책 중 하나입니다. 기업이 사업 활동 및 수익 활동을 통해 현금을 창출하고 이러한 이익을 별다른 조치 없이 회사 통장에 보관하는 경우, 이것을 회계 용어로 '이익 잉여금'이라고 부릅니다. 이러한 잉여 이익을 현금으로 투자자에게 지급하는 것이 '배당'이죠. 그리고 잉여 이익으로 자기 주식을 매수하면 '자사주 매입'입니다. 한국 투자자들에게 자사주 매입은 다소 생소한 개념인데요, 금융이 선진화될수록 이런 주주 환원 정책에 대한 관심이 높습니다. 주주 환원 정책이 주식에 미치는 영향을 이해하기 때문입니다.

다만 한국에서는 기업의 자사주 매입이 주가에 영향을 주기 어렵습니다. 그 이유는 이렇습니다. 주식은 회사가 사업 자본을 확충하면서 발행하는 증서입니다. 여기서 사업 자본이란 투자자의 투자금 혹은 기업의 이익 잉여금 등이 해당하죠. 발행 주식의 총합과 1주당 가격의 곱이 회사의 가치, 그러니까 시가총액이 됩니다.

발행 주식 수 × 1주당 가격 = 시가총액

자사주 매입이란 주식 시장에 발행된 주식을 회사의 잉여금으로 다시 매수하는 것을 의미합니다. 즉, 시장에서 거래되는 회사 지

분을 회사가 도로 가져가는 것이죠. 그런데 한국에선 매입한 자사주를 임직원들의 **스톡옵션**[32]이나 다른 회사와의 지분 교환 등에 사용하는 경우가 많습니다. 2021년 3월 네이버와 신세계가 협업을 위해 2,500억 원 규모의 지분을 교환한 사례와, 2021년 2월 카카오가 모든 임직원에게 10주씩 스톡옵션을 지급한 사례가 대표적이죠.

> 주식 발행 … → 주주 간 거래 … → 회사에서 매입
> … → 임직원 증여 혹은 지분 교환

매입한 자사주가 이렇게 쓰이면 발행된 주식 수는 일정하게 유지되고 회사의 가치 역시 변하는 것이 없습니다. 회사 잉여금을 직원에게 보너스로 지급하는 것이나, 주식으로 사서 주식을 지급하는 것이나 결과에 큰 차이는 없죠. 지분 교환 역시 잉여금으로 서로의 지분을 시장에서 매수하는 것이나, 회사가 보유한 지분을 양사 간 알아서 교환하는 것이나 마찬가지입니다.

---

32) Stock option. 기업이 임직원에게 자사 주식을 비교적 낮은 가격으로 매수할 수 있는 권리를 부여하는 제도. 이후 시장가로 팔면 이득을 낼 수 있다.

자사주 매입과 주주 환원

그런데 미국에서는 자사주 매입 개념이 한국과 조금 다릅니다. 시장에 발행된 주식을 매입하는 것은 한국과 같지만, 매입과 동시에 주식의 발행을 무효화합니다. 예를 들어 1억 주의 주식을 발행한 기업이 시장에서 10% 규모인 1,000만 주의 자사주를 매입해 소각하면 어떻게 될까요? 기업의 가치는 고정되어 있으니 자연스레 1주당 가격은 (매입주식비율/유통주식비율×100) = (10/90)×100 만큼 상승할 수 있습니다.

$$\left[\begin{array}{c} 1\text{억 주} = \\ 1\text{주당 } 1{,}000\text{원} \end{array}\right] = \text{시가총액 } 1{,}000\text{억 원} = \left[\begin{array}{c} 9{,}000\text{만 주} = \\ 1\text{주당 } 1{,}111\text{원} \end{array}\right]$$

한국에서 주식 시장이 형성된 이후 자사주를 매입하고 소각한 기업은 손에 꼽을 정도로 적었습니다. 대다수의 기업들이 오너 일가에 의해 경영되기 때문입니다. 그러니 주주보다는 오너 일가에 유리한 결정을 하죠. 시간이 흐른 2021년에도 상황은 비슷합니다. 대표적인 사례가 삼성전자입니다. 이재용 부회장이 구속되었을 때, 신규 시설 투자 결정이나 M&A 결정이 지연되었다는 뉴스가 앞다투어 나왔습니다. 대한민국 1등 기업의 경영이 여전히 오너 가족의 손에 있음을 잘 보여주죠.

막강한 오너 일가의 영향력 속에서 기업이 벌어들인 수익은 주주들에게 환원되기 어려웠습니다. 잉여금은 투자자에게 돌아가지 않고 회사 안에서 회사를 키우고 살찌우는 데 쓰였습니다. 그리고 철강제품을 만드는 기업이 자동차 산업에 진출하고 자동차 기업이 건설업에 진출하는 등 기업의 몸집을 키우는 사업 확장이 계속되었습니다. 그렇게 국내 대부분의 대기업들은 건설, 화학, 전자, IT, 물류 등 다양한 계열사를 보유하게 됩니다. 과거에는 한국 시장 자체가 성장 단계였기에 무분별한 확장 정책에도 큰 문제가 발생하지 않았습니다. 그러나 최근 한국 시장을 보면 실력 있는 기업보다는 핵심 계열사를 지원하기 위해 존재하는 상장사들이 훨씬 많은 상황입니다.

혁신이 없는 기업은 성장보다 안정을 추구할 수밖에 없습니다. 벌어들인 수익을 투자자에게 돌려주기보다 다음 위기에 대응하기 위해 쌓아두는 것이죠. 특히 한국 경제에 큰 트라우마를 남긴 IMF 경제 위기가 이런 축적의 명분이 되기도 했습니다. 그 결과 삼성물산이나 SK, LG 같은 대기업 **지주회사**[33]들은 20조 원 수준의 현금성 잉여 자산을 묵혀두고 있죠. 이렇게 많은 현금성 잉여 자산이 있는 삼성물산의 시가총액은 21조 원, SK의 시가총액은 18조 원, LG의 시가총액은 12조 원입니다.(2022년 1월 기준) 이들 기업의 시가총액이 비교적 낮은 수준에 머무는 것은 여기에 투자해도 투자자에게 돌아오는 것이 전혀 없기 때문입니다. 그동안 재계와 정치권,

---

33) 계열회사의 지분을 보유하여 지배하는 것을 주된 사업으로 삼는 회사.

유가증권 상장사 배당현황

91,977,442

68,983,081

45,988,721

22,994,360

2004 2005 2006 2007 2008 2009 2010 2011 2012 2013 2014 2015 2016 2017 2018 2019 2020

◇ 당기순이익 (백만원) ◇ 현금배당금 (백만원)

코스피 상장사들의 배당금과 당기순이익 흐름, 출처: 통계청

언론에서도 한국 기업들의 인색한 주주 환원 정책에 대해 개선이 필요하다는 목소리를 냈습니다. 하지만 1945년 이후 70년이 넘는 긴 세월 동안 고착화된 흐름을 바꾸긴 쉽지 않아 보였습니다.

그런데 코로나19가 발발한 2020년, 한국 주식 시장에도 드디어 변화가 시작되었습니다. 지난 10년 동안 지급된 배당금과 비교했을 때, 최근 집행된 배당금 규모가 크게 늘어난 것입니다. 물론 이런 변화는 시가총액 1위 삼성전자의 특별 배당 덕이 큽니다. 삼성전자는 2020년 12월 1주당 1,578원의 특별 배당을 하면서 1년간 약 20조 원의 배당금을 지급했습니다. 그 결과 2007년 코스피 시장 전체에서 9.6조 원 수준의 배당을 지급했던 것과 비교했을 때 100% 이상 증가한 것이죠. 2019년 코스피 상장사 전체 배당금이 13조 원이었던 것을 고려하면 삼성전자의 특별 배당만으로도 코스피 전체 배당률이 증가하는 것이 당연할 수 있습니다.

그래도 최근 삼성전자 외에도 많은 기업들이 잉여 자산을 사업 활동 및 주주 환원 정책에 쓰려는 시도를 하고 있습니다. SK텔레콤은 2021년 5월 보유한 자사주 10.8%를 소각했습니다. SK그룹 전체 분위기도 비슷합니다. 최태원 회장의 공격적인 경영 행보에 맞춰 2020년 1년 동안 약 15조 원을 M&A에 쏟아부었죠. 4대 금융사인 KB금융, 신한지주, 하나금융지주, 우리금융지주 역시 분기 배당을 시작하겠다고 밝혔습니다.

또한 1년 동안 벌어들인 이익에서 법인세와 기타 비용들을 모두 처리한 순이익 중 배당으로 지급하는 비율을 '배당 성향'이라고 하는데, 요즘 이 배당 성향의 증가를 발표하는 기업도 늘어나는 추세입니다. 이러한 행보는 미국 증시 등 선진 투자 시장과 유사한 흐름을 국내에 끌어올 수 있습니다. 기업 이익이 증가하면 투자자가 자연스럽게 주주 환원 정책을 기대하는 흐름이 그것입니다. 기업이 돈을 쌓아두지 않고, 새로운 사업을 하거나 자사주를 매입해 소각하거나, 배당을 늘리는 등의 조치로 이익을 투자자와 나눌 것이라고 기대하는 이들이 많으면 결국 장기 투자자도 증가하는 효과가 나타날 수 있습니다.

이런 변화들을 근거로 한국 증시의 성질이 바뀌고 있다고 말하는 전문가가 많습니다. 실제로 다양한 변화가 일어나고 있습니다. 코로나19 이후 많은 개인 투자자들이 시장에 참여한 것도 그렇지만, 기술 발전으로 정보의 비대칭성이 해소되고 SNS의 확산으로 개인 투자자들의 요구 사항이 투자한 기업에 쉽게 전달되면서 주주와 기업 간의 거리가 줄었다는 말도 나옵니다. 시장이 이렇게 변하면서 주가가 오른다면 보다 많은 투자자들이 차익 실현을 도모

할 수도 있습니다.

그런데 문득 한 가지 의문이 듭니다. 주가는 꼭 기업의 변화, 기업의 경영 활동에 의해서만 움직일까요?

— 10 —
경영과
주가의 관계

대주주와 주가

주가는 회사의 인수합병, 무상증자, 배당, 자사주 매입, 전환사채 발행 등의 굵직한 이슈에 반응합니다. 투자자들은 이런 이슈를 해석하면서 향후 주가 방향을 예측하는데요, 여러분은 주가에 영향을 주는 기업의 의사 결정과 이벤트, 이런 이벤트가 행해지는 본래 목적을 잘 이해하고 있나요? 기업 경영에서 '대주주'는 매우 중요합니다. 회사가 굵직한 결정을 내릴 때 가장 큰 발언권이 있는 존재가 대주주이기 때문입니다. 주식 시장을 오랜 시간 관찰하면 대주주가 원하는 대로 주가가 움직이는 일이 많다는 것을 알 수 있죠. 그런데 대주주가 원하는 주가의 방향이란 무엇일까요?

주식회사의 주주들은 회사에 투자한 금액에 비례해 의결권을 갖습니다. 의사 결정에 다수가 참여한다는 점에서 주식회사는 민주주의와 유사한 구조로 운영됩니다. 다만 대부분의 개인 투자자들은 기업 의사 결정에 관여하는 것보다 주식 매도 차익에 관심이 많죠. 그러나 아무리 관심이 없어도 기업의 의사 결정이 주가를 올리려는 것인지, 반대로 주가를 내리려는 것인지 정도는 알아야 조금 더 높은 수익을 올릴 수 있습니다.

기업의 의도를 읽으려면 '자금 조달' 원리를 알아야 합니다. 일반적으로 주가가 상승하면 기업가치도 오릅니다. 주가 상승은 기업에 그만큼 많은 자금이 들어온다는 뜻입니다. 참고로 주식회사가 사업 자금을 확보하는 방법은 크게 2가지입니다. 첫째, 은행에서 타인의 돈을 중개받아 조달하는 간접 금융 방식. 둘째, 투자자로부터 받는 직접 금융 방식입니다. 주식 시장은 기업이 발행한 주식을 투자자가 직접 매수하는 것이므로 직접 금융입니다. 기업 입장에서 주식 발행은 공개적으로 많은 투자자를 모집할 수 있어 간편하고 효율적인 자금 조달 수단입니다.

이때 주식의 형태는 한 가지가 아닙니다. 기업의 목적에 따라 몇 가지 서로 다른 성격의 주식이 발행됩니다. 주식으로 바꿀 수 있는 채권인 **전환사채**[34]나 **신주인수권부사채**[35] 혹은 신규 주식을 발행

....
34) CB, Convertible Bond. 일정한 조건 아래 발행 회사의 보통 주식으로 전환할 수 있는 사채.
35) BW, Bond with Warrant. 발행 기업의 주식을 매입할 수 있는 권리를 부여한 사채.

해서 투자금을 유치하는 유상증자 등이 대표적입니다. 이런 형태의 주식을 발행할 때 주가가 높으면 회사에 유리합니다. 주가가 높으니 신규로 발행되는 주식 수가 적어도 원하는 금액을 모을 수 있습니다. 그리고 주가가 높으면 같은 주식을 발행해도 더 많은 투자금을 모을 수 있죠. 즉 주가가 상승한 시점에 자금 조달을 발표하면 대주주 입장에서는 본인 주식을 적게 **희석**[36]하면서도 충분한 운영 자금을 마련할 수 있습니다.

> 1,000억 원의 투자금 필요
> = 1주당 1만 원 일 경우 1,000만 주 신주 발행 (A)
>
> 1,000억 원 투자금 필요
> = 1주당 5만 원 일 경우 200만 주 신주 발행 (B)
>
> 총 발행 주식 수가 1,000만 주이고,
> 대주주 지분을 50%로 가정할 때
>
> (A)의 경우 2,000만 주 중 500만 주가 대주주의 지분 = 25.0%
> (B)의 경우 1,200만 주 중 500만 주가 대주주의 지분 = 41.7%

한편 신규 자금을 위해 새로운 주식을 발행하지 않고, 대주주가 보유한 지분 비율만큼 신규 투자금을 조달해 납입할 수도 있습니다. 그렇다면 지분 희석은 없을 것입니다. 그러나 대주주가 항상 투

---

[36] 총 발행 주식 수 중에 대주주 소유 주식의 비율이 감소하는 것.

자금을 확보할 수는 없겠죠. 다시 돌아와서, 주가가 높은 상황에서 신규 투자금을 모집하면 새로운 주식이 다소 **저렴한 가격**[37]으로 시장에 유통될 수 있습니다. 그리고 이는 기존 투자자에게 악재가 될 수 있죠. 저렴한 주식이 시장에 추가 공급되면 시장에 이미 나와 있는 주식 가격은 떨어질 수밖에 없으니까요.

주가 상승이 대주주들의 농간으로 받아들여질 때도 있습니다. 대주주도 기본적으로는 지분을 보유한 투자자입니다. 주가가 오르면 본인이 가진 재산의 가치가 상승하는 것이죠. 주가가 충분히 올랐다면 경영권을 매각하거나 일부 지분을 시장에 팔아 차익을 실현해 직접적인 수익을 얻을 수도 있습니다. 그래서 주식 시장에서는 실적이 아닌 이슈 혹은 특정 이벤트로 급등이 발생한 주식을 두고 '작전주'라 칭하기도 합니다. 대주주가 지분을 팔아 수익을 내거나, 기업이 유리한 조건으로 자금을 유치하려고 의도적으로 주가를 올리는 일이 충분히 발생할 수 있습니다. 그래서 투자할 때 다양한 입장에서 해석하는 자세가 필요합니다.

반대로 대주주가 주가 상승을 원하지 않을 때도 있습니다. 대주주의 지분은 재산입니다. 재산에는 세금이 붙죠. 특히 자녀에게 주식이라는 재산을 상속할 때 시가총액이 높으면 엄청난 세금이 발생합니다. 2018년 LG그룹 구본무 (전)회장이 사망해 구광모

---

37) 일반적으로 기업이 자금을 모집하기 위해 새로 발행하는 전환사채, 신주인수권부사채, 유상증자의 경우 최근 주가의 평균값에서 일정 비율이 할인된 가격의 주식으로 발행된다.

(현)회장이 지분을 상속받는 과정에서 9,215억 원이라는 천문학적인 금액의 상속세가 붙은 일이 유명하죠. 2020년 이건희 회장의 사망으로 발생한 삼성그룹의 상속세는 무려 12조 원에 달했습니다. 만약 故 구본무 회장의 LG 지분이 더 많았거나, 故 이건희 회장이 보유한 삼성물산, 삼성전자, 삼성생명 등의 주가가 더 높았다면 상속세 규모는 훨씬 커질 수밖에 없었겠죠.

이렇듯 주식 시장에서는 주가의 상승과 하락이 기업이나 대주주에게 이득으로 작용하기도 하고 손해가 되기도 합니다. 그렇기에 대주주 관련 이벤트를 미리 분석하면 주가 향방을 예측할 수 있죠. 실제로 기업의 상속, M&A, 증설, 해외 진출, 지배 구조 개편 등의 이슈를 전문적으로 분석하는 투자자도 많습니다. 이런 방식이 옳은지 그른지를 판단하기는 이릅니다. 주식 시장에서 자산을 불리기 위한 여러 방법 중 하나일 뿐이죠. 다만 이런 투자 방식은 정보를 정확하고 빠르게 습득하고 분석할 수 있는 능력이 중요합니다.

큰손 투자자와 주가

대주주 입장에선 주가가 오르면 기업 운영 자금을 조달하기 편리하고, 주가가 떨어지면 상속세 같은 비용 감소에 이득이 있다고 설명했습니다. 그렇다면 큰손 투자자의 입장에서는 주식의 가격이 오를 때와 떨어질 때, 각각 어떤 전략을 취하는 게 좋을까요? 큰손 투자자들의 셈법도 대주주만큼이나 복잡합니다.

기업의 주가는 실적의 함수라는 이야기를 많이 합니다. 하지만 항상 실적대로 주가가 움직이는 것은 아니죠. 예를 들어 삼성전자의 실적이 좋게 발표되었는데, 실적 발표 당일 주가는 대개 하락하는 모습을 보입니다. 큰손들이 한발 빨리 주가 상승분을 먹고 빠져나갔기 때문입니다.

또한 대주주의 행동과 큰손 투자자들의 행동이 부딪힐 때도 있습니다. 예를 들어보죠. 대주주가 주가를 부양하기 위해 활용하는 수단 중에 무상증자가 있습니다. 2021년 초반에 유행했던 이 무상증자는 기업이 벌어들인 잉여금을 자본으로 묶어두는 것을 의미합니다. 잉여금과 자본의 차이를 아시나요? 잉여금은 말 그대로 기업이 회사 계좌에 쌓아둔 현금입니다. 반면에 자본은 사업의 밑천이 되는 돈으로 기업의 기초 재산을 의미합니다. 잉여금과 달리 자유롭게 사용할 수 없는 돈입니다. 무상증자는 '자본'을 확보하는 행위죠. 무상증자는 기존 주주들에게 추가로 발행한 주식을 투자 비율과 신주 발행 비율에 맞춰 무료로 지급합니다. 시장에 새로운 주식이 공급된다는 점에서 단기 호재로 인식하는 경우가 많습니다. 그래서 대주주들이 주가를 부양하려 무상증자를 발표하는 경우가 있는 것이죠.

무상증자와 유사한 사례로, 액면분할이 있습니다. 액면분할은 하나의 주식을 여러 개로 쪼개는 것입니다. 쉽게 말해 액면가 5만 원짜리 주식을 1/5로 분할하겠다고 발표하면, 5만 원짜리 1주를 보

에코프로HN의 무상증자 이후 단기 주가 상승이 나타난 모습, 출처: 인베스팅닷컴

유한 투자자는 특정 시점부터 1만 원짜리 주식 5주를 보유하게 되는 것입니다. 액면분할은 증권의 가격이 너무 비싸서 매매가 둔화될 경우 이를 잘게 쪼개 소액으로도 매매가 가능하도록 하기 위해 실시합니다. 그래서 보통 액면분할을 하면 이후 거래가 활성화될 것이란 기대가 있어 시장에서 호재로 인식합니다.

무상증자, 액면분할 같은 특정 이벤트가 발표되면 기관 투자자 같은 큰손들은 주가가 오를 것을 감안해 투자를 진행합니다. 그리고 실적 대비 과도하게 주가가 오른 부분은 언젠가 하락할 테니 이에 대한 대비도 합니다. 바로 **공매도**[38] 혹은 선물, 옵션 등의 금융 시스템을 활용해 주가가 내려갈 때도 수익을 얻을 수 있는 구조를

....

38) 주가 하락에서 생기는 차익금을 노리고 실물 없이 주식을 파는 행위. 주권을 실제로 갖고 있지 않거나 갖고 있더라도 상대에게 인도할 의사 없이 신용 거래로 매도하는 것.

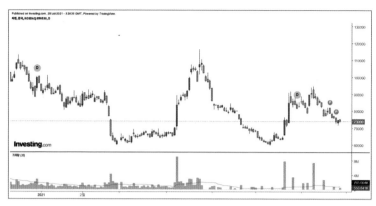

**씨젠의 무상증자 이후 단기 주가 상승이 나타났다가 다시 제자리로 돌아오는 모습,
출처: 인베스팅닷컴**

짜는 것이죠.

결국 주식의 현재 가격이 실적으로 인해 상승하는 것인지, 이벤트에 의해 상승하는 것인지, 적당한 가격인지, 하락할 가능성이 높은 것인지 등을 구분할 수 있는 능력을 쌓아야 주식 시장에서 살아남을 수 있음을 기억하시기 바랍니다.

주식의 탄생부터 주가에 영향을 미치는 요인들을 알아봤으니 이제 '주가'를 분석할 차례입니다. 수학을 공부할 때는 수학 공식을 외우고, 영어를 공부할 때는 단어를 외우듯이 주식 투자를 위해 필수적으로 공부해야 하는 것이 '투자 지표'와 '차트'입니다.

Part 2에서는 장기 투자를 할 때 필요한 투자 지표 분석 방법을 소개하겠습니다. 투자 지표를 활용해 매수 타이밍을 찾는 방법도 다룰 예정입니다. 참고로 차트는 수급과 보조 지표에 대한 공부가 우선되어야 하기에 이 책에서는 다루지 않을 예정입니다. 그럼 지금부터 투자를 할 때 반드시 알아야 하는 지표를 살펴볼까요?

Part 2

투자 지표의 이해

01

시가총액:
좋은 주식 찾는 기준

직업 특성상 초보 투자자들과 이야기할 기회가 많습니다. 그 과정에서 가끔 이런 질문을 받기도 하죠. "삼성전자는 1주에 8만 원인데, 하이닉스는 1주에 12만 원이니까 하이닉스가 더 좋은 기업 아닌가요?" 농담 같겠지만 정말 이런 질문을 하는 분들이 있습니다. 주가는 1주의 가격이고 기업에 따라 발행된 주식의 총량이 다릅니다. 예를 들어 삼성전자 주식은 약 60억 주의 보통주와 8억 주의 우선주로 구성되어 있습니다. 그리고 SK하이닉스는 약 7억 주의 보통주를 발행했죠. 시가총액을 계산해볼까요? 2021년 12월 말 기준으로 1주에 8만 원인 삼성전자는 약 68억 주의 주식이 시장에서 유통되기에 시가총액은 '8만 원×68억 주=544조 원'이라는 계산이 나옵니다. 또한 SK하이닉스는 '12만 원×7억 주=84조 원'입니다(2021년 12월 말 기준).

시가총액은 기업의 몸값과 같습니다. 옷을 사러 갔는데 A티셔츠는 3만 원이고, B티셔츠는 10만 원이라고 합시다. 당연히 B티셔츠가 더 비싸 보입니다. 하지만 A티셔츠는 한 박스에 1만 장이 들었고, B티셔츠는 한 박스에 10장뿐입니다. 그렇다면 A티셔츠 한 박스 가격은 3억 원이고, B티셔츠 한 박스 가격은 100만 원인데요, 시가총액이 바로 이런 개념입니다. 한 박스, 즉 기업 전체 가치를 의미하죠. 이러한 시가총액은 투자 지표 중 가장 기초가 되는 변수입니다. 시가총액과 매출액, 시가총액과 영업 이익, 시가총액과 순이익 등 다른 투자 지표와 함께 다양한 방식으로 쓰입니다. 그렇기에 기업에 투자하기 전 시가총액이 얼마인지 반드시 확인하는 습관이 필요합니다.

시가총액은 주가 변동성을 결정한다

시가총액은 주가 변동성을 결정하는 요소이기도 합니다. 시가총액이 큰 대기업들은 하루 변동폭이 단 1~2%만 되어도 폭등 혹은 폭락이라고 합니다. 그만큼 변동성이 낮은 편입니다. 하지만 시가총액이 1,000억 원 수준인 기업들은 하루에 5~10%까지 상승하는 경우도 있죠. 이렇게 시가총액에 따라 변동성이 달라지는 이유는 한 가지입니다. 시가총액이 큰 기업일수록 외국인이나 기관, 연기금, ETF와 같은 큰손 투자자들이 많이 투자하기 때문입니다. 큰손 투자자들은 일정한 원칙에 따라 기계적인 매수와 매도를 반복합니다. 우선 투자할 기업의 재무제표와 실적 전망을 분석해서 목표 주가를 산정합니다. 그런 뒤 단기간에 목표 주가를 웃도는 큰 폭의 상승세를 보이면 매도하고, 반대로 하락하면 일정 비율만큼 매수하는 식으로 기계적인 대응을 합니다. 짧은 시간에 큰 수익을 내고 싶어 하는 개인 투자자들의 성향과 반대되는 투자 패턴이죠.

시가총액이 큰 기업들의 변동성이 낮은 이유가 또 하나 있는데요, 덩치 큰 기업들은 시장에 유통되지 않는 주식의 비율이 높다는 것입니다. 주식 시장은 아주 단순하게 보면 내 주식을 타인에게 매도해 **차익**[39]이나 **차손**[40]을 실현하는 곳입니다. 하지만 큰손들은 이렇게 단순한 논리로 투자하지 않습니다. 배당의 성장, 실적 전망치, 정책적 지원 등의 요소를 고려해 오랜 기간 투자하는 경우가 많죠. 즉 매수한 뒤 일정 시점이 오기 전까지는 쉽게 팔지 않으므로 시장에 거래되는 유통 비율이 적을 수 있습니다.

게다가 글로벌 기업은 ETF^{Exchange Traded Fund, 상장지수펀드}에 포함되기도 합니다. ETF 펀드 자금이 그 주식을 대량 매수하는 것이죠. 해당 ETF 자금이 갑자기 줄지 않는 한 ETF 운용사는 그 주식을 장기 보유하므로 역시 시장에 유통되는 주식 수를 감소시킬 수 있습

---

39) 익절. 매수한 가격보다 높은 가격으로 이익을 보고 파는 것.
40) 손절. 매입 가격 이하로 손해를 감수하고 파는 일.

니다. 이렇듯 시가총액이 큰 종목에는 다양한 시스템이 얽혀있어서 주가 움직임이 매우 심심한 편입니다.

반면에 시가총액이 작은 주식은 대주주 지분을 제외하면 대체로 개인 투자자들이 보유하고 있습니다. 개인 투자자들은 이슈에 따라 주식을 공격적으로 매수하거나 매도하면서 단기 시세 차익을 노립니다. 그렇기에 대형 계약이 발표되거나 호재성 뉴스가 나오면, 그 순간 많은 개인 투자자의 자금이 몰리면서 단기간에 주가가 급등합니다. 그래서 시가총액이 작은 기업은 이슈를 좇아 단기 매매를 전문적으로 하는 '단타족'들이 선호합니다.

그런데 주식 시장은 철저히 자본의 논리에 따라 움직입니다. 내가 산 주식을 '나보다 비싼 가격에 사는 투자자'가 없다면 결국 손해는 내 계좌에서 발생합니다. 변동성이 큰 만큼 한 번의 성공으로 얻는 이익도 크고, 한 번의 실패로 잃는 손실도 크죠. 개인 투자자들의 성향을 악용하는 일도 발생합니다. 주가가 오를 만한 좋은 소식을 일부러 시장에 흘리고 주가가 튀어 오르면 본인들이 보유한 주식을 매도하는 것입니다. 대주주나 해당 주식에 먼저 투자한 몇몇 사람들이 이런 일을 합니다. 그래서 단타는 항상 주의를 기울여야 하는 투자 방법입니다. (필자는 그래서 방송을 할 때 이러한 매매는 투자 Investment가 아닌 거래 Trade를 하는 것이라고 말합니다.)

정리하면, 시가총액이란 '기업의 가치를 숫자로 표현한 것'이고, 시가총액이 큰 대기업은 주가의 움직임이 단조로울 가능성이 매우 높습니다. 반면 시가총액이 작은 기업은 주가 변동성이 커서 단기간에 높은 수익을 거둘 수 있지만, 이것을 악용하는 투자자 역시 시장에 존재하므로 '하이 리스크 하이 리턴$^{\text{High Risk, High Return}}$'의 원칙을 반드시 기억하고 접근해야 합니다.

PER:
진짜 실적을 판단하는 법

두 번째 지표는 주식 투자에서 가장 많이 언급되는 PER^{Price Earning} ^{Ratio}입니다. 기업 분석 보고서나 유튜브에서 PER을 자주 접할 수 있습니다. 우리말로는 주가 수익 비율이라고 하는데요, PER을 산출할 때는 시가총액(혹은 한 주의 가격)과 순이익(혹은 주당 순이익)이 사용됩니다. 여기서 시가총액은 '1주의 가격'과 시장에 발행된 '모든 주식 수'를 곱한 값입니다. 순이익은 기업이 사업으로 벌어들인 수익 중에서 세금과 **감가상각비**[41] 등의 비용을 빼고 남은 회사의 순수한 이익금을 뜻합니다. 주당 순이익^{EPS, Earning Per Share}은 이러한 기

....

41) 시간이 경과함에 따라 노후되는 설비의 물리적, 경제적 가치 하락의 감소분을 장부에 손실 또는 비용으로 합산하는 절차를 감가상각이라 하고, 감가상각된 금액이나 원가에 대한 그 금액의 비율을 감가상각비라 한다.

업의 순이익을, 시장에 발행된 모든 주식 수로 나누었을 때 1주를 소유한 주주가 얻을 수 있는 금액입니다.

약 2억 주가 주식 시장에 상장된 삼성생명을 예로 들어 PER에 대해 자세히 설명해 보겠습니다. 1주당 가격은 8만 원, 1년간 순이익이 2조 원이라고 칩시다.

시가총액 = 2억 주 × 8만 원 = 16조 원
주당 순이익 = 2조 원 ÷ 2억 주 = 1만 원

PER = 16조 원(시가총액) ÷ 2조 원(순이익) = 8
PER = 8만 원(주가) ÷ 1만 원(주당 순이익) = 8

위와 같이 2가지 계산식 '시가총액/순이익' 과 '주가/주당 순이익'의 결과 값이 8로 동일한 것을 확인할 수 있습니다. 하지만 두가지 계산 중 대부분의 금융, 경제 관련 책에서는 주당 순이익으로 PER을 구하는 방식을 택합니다. 이유는 1년간의(직전 4분기) 순이익과 시가총액이 자주 바뀌기 때문입니다. 1년 동안 유상증자, 스톡옵션, 전환사채 등이 발행되면서 '신주 발행', '주식 소각' 등의 이벤트가 생기고 주식 수는 감소하거나 늘어납니다. 전 세계에서 가장 큰 시장인 미국에서 특히 주식 소각이 빈번하게 발생합니다. 그래서 미국에서는 분기별로 있는 실적 발표도 주당 순이익을 기준으로 비교합니다. 해당 기업이 직전 분기에 비해 얼마나 실적이 성장했고 투자자들에게 어느 정도의 이익을 가져다 준 것인지 주당 순이익으로 계산하죠.

PER을 어떻게 구하는지 알아봤으니 이제 PER을 투자에 어떻게 활용할지 배워봅시다. 코스피에 상장된 모든 기업의 평균 PER은 지난 10년간 11~14 수준을 유지했습니다. 미국 S&P500에 포함된 기업들의 평균 PER은 15~20 수준을 유지했죠. 국가별로 PER이 다른 이유는 투자자들의 성향이 다르기 때문입니다. 더 근본적인 이유는 투자자들의 기대 수익률이 다르기 때문이겠죠. 예를 들어 미국은 매년 10~15% 수준의 주가 상승을 기대할 수 있고, S&P500을 기준으로 1.5% 내외의 평균 배당 수익률도 기대할 수 있습니다. 하지만 한국 코스피는 2007년부터 2019년까지 주가 상승이 거의 없었고, 그렇다고 배당이 미국보다 더 많은 것도 아니었습니다. 코스피의 평균 배당 수익률은 미국과 비슷한 1.5%에 불과했죠. 반면 한국 시장은 미국보다 기대할 것이 적으니 **시가총액**[42) 도 낮게 평가된 것이죠.

섹터별 PER

이러한 차이는 국가뿐 아니라 섹터별로도 발생합니다. 예를 들어

....

42) 시가총액은 각 개별 기업의 주가 총액이기도 하지만, 국가 단위에서 한 나라 주식 시장 전체의 가치를 가리키기도 한다.

건설업은 호흡이 매우 긴 산업입니다. 계약 체결부터 설계, 시공, 준공까지 시간이 오래 걸리죠. 게다가 한정된 자원인 대지를 개발하는 일이라서 국가가 주도하는 '정책'이, 기업 주도의 '혁신'보다 더욱 중요합니다. 그렇기에 건설업의 PER은 10 내외로 낮게 거래되는 편입니다.

금융업도 비슷합니다. 금융도 중앙은행의 기준금리에 따라 예금과 대출이자를 정합니다. 심지어 금융은 시민들의 경제 활동에 미치는 영향이 커서 규제도 많습니다. 한마디로 혁신이 발생하기 힘든 산업 구조입니다. 그래서 금융업 PER은 보통 5 내외로 형성됩니다. 산업 섹터 중에서 가장 낮은 수준이죠.

반면에 코로나19 이후 전 세계 정부에서 강력하게 추진 중인 **그린뉴딜**[43] 혹은 2차전지 관련 산업의 상황은 정반대입니다. 수익을 내는 것에 비해 주가가 어마어마하게 높은 상황인데요, 2020년 한국거래소에 신규 상장된 'KRX 2차전지 K-뉴딜'은 2021년 7월 PER이 400을 찍었습니다. 개별 종목도 높은 PER로 거래되기는 마찬가지입니다. 삼성SDI는 2021년 상반기 내내 PER 50이 넘는 가격에 거래되었고, 2차전지 핵심 소재인 양극재를 생산하는 에코프로비엠은 2021년 6월을 기준으로 90이 넘는 PER을 보여주었죠.

산업군 PER은 결국 투자자들이 해당 산업 혹은 기업의 성장

---

43) Green new deal. 화석에너지 중심의 에너지 정책을 신재생에너지로 전환하는 등 저탄소 경제 구조로 전환하면서 고용과 투자를 늘리는 정책.

에코프로비엠 주가 흐름, 출처: 인베스팅닷컴

성을 어떻게 평가하는지에 달려있습니다. 성장성이 높은 기업이라면 1년, 3년, 5년 뒤까지도 바라봅니다. 그러면서 지금 당장의 이익보다 아직 발생하지 않은 미래의 이익을 꿈꾸며 PER이 높아도 매수를 선택하죠. 2019년부터 시작된 테슬라의 주가 상승이 좋은 사례입니다. 테슬라 주가는 1년 넘게 상승하면서 PER 1,000과 1,000%의 수익률이라는 역사적인 기록을 만들기도 했습니다. 투자자들은 테슬라가 주도한 전기차의 대중화에 열광했고, 자율주행 기술에 높은 가치를 부여하면서 **바이 앤 홀드 전략**[44]으로 테슬라 주식에 접근했습니다.

게다가 2020년부터 전 세계 정부는 '탈탄소, **탄소중립**[45] 정책'

....

44) 매수 후 보유(Buy and hold)는 주식을 매수한 후 장기 보유하는 투자 전략.

45) 탄소중립(Net-zero)은 인간의 활동에 의한 온실가스 배출을 최대한 줄이고, 남은 온실가스는 흡수, 제거해서 실질적인 배출량을 0으로 만든다는 개념.

을 강력하게 추진했고, 여기에 코로나19 이슈도 복합적으로 엮이면서 전기차의 확산 시기는 예상보다 훨씬 앞당겨졌습니다. 그 결과 전기차 관련 국내 기업들의 주가에도 미래 가치가 반영되기 시작했습니다. PER이 무려 100인 수준에서도 주가 흐름이 우상향하는 현상이 발생한 것이죠.

다만 아무리 성장 가능성이 높게 점쳐지는 업종이라 해도 이에 대한 면밀한 분석이 없으면 큰 손실을 입을 수 있습니다. 한국 주식 시장은 바이오 기업에 대한 평가가 후하기로 세계적으로 소문난 곳입니다. 실적이 없어도 1조 원이 넘는 시가총액을 기록하는 바이오 기업이 수두룩하죠. 미국은 IT 혹은 소프트웨어 산업에서 이런 현상이 자주 보입니다. 국가별 특색으로 이해할 수도 있습니다. 그러나 IT나 소프트웨어 업종에 비해 바이오 산업은 성장성에 대한 의구심을 갖는 이가 많습니다.

예를 들어 코로나19 확산이 심화된 이후 수많은 기업이 코로나19 백신 혹은 코로나19 치료제 개발 사업에 뛰어들었습니다. 그로 인해 관련 기업들의 주가가 상당히 큰 폭으로 상승했지만, 1년이 지난 시점에 제대로 된 코로나19 백신이나 치료제를 개발한 곳은 소수에 그쳤습니다. 국내에선 셀트리온 정도죠. 이렇게 과도하게 미래 가치를 선반영하는 시장에 대해 우려하는 목소리가 많습니다. 백신이나 치료제 개발에 성공할 경우 예상되는 시장 규모를 근거로 주가가 오르니, 실패할 경우 그만큼 큰 손실이 발생합니다.

백신이나 치료제보다 현실적인 결과를 내고 있는 '차량용 배터

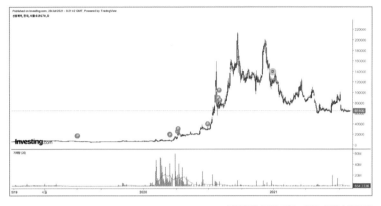

신풍제약 주가 흐름. 출처: 인베스팅닷컴

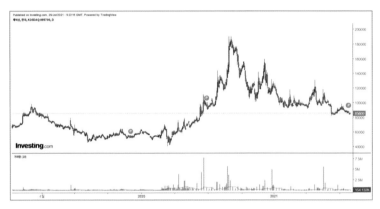

제넥신 주가 흐름, 출처: 인베스팅닷컴

리' 산업과 비교하면 바이오 시장의 고평가는 훨씬 더 두드러집니다. 실제 기술을 근거로 한 예상 매출이 반영된 PER은 기대감만으로 높아진 PER과 질적으로 다릅니다. 합리적인 근거를 바탕으로 PER이 높게 평가된 주식과 '기대감' 덕에 PER이 높아진 주식은 투자 결과에서 큰 차이를 낼 수밖에 없습니다. 그러나 PER만 봐서는 기대감만 있는지 타당한 근거가 있는지 알 수 없죠. 그래서 투자를 잘하는 분들은 PER을 보완하는 지표를 활용합니다.

포워드 PER

포워드 PER^{Forward PER, 선행 주가 수익 비율}이란 지표를 아시나요? PER과 함께 중요하게 검토되는 지표입니다. 증권사마다 특정 기업의 업황이나 매출 예상치, 실적 예상치를 전담해서 분석하는 담당자가 있습니다. 담당 애널리스트는 기업의 터닝포인트마다 새로운 보고서를 발간하죠. 이때 향후 매출 전망과 다음 분기 혹은 다음 연도 실적 예상치를 함께 첨부합니다. 이런 정보는 주식을 거래할 때 쓰는 MTS나 HTS, 각종 증권 관련 포털사이트에서도 쉽게 확인할 수 있습니다.

이런 보고서나 기업 재무제표를 보면, 미래 예상치가 기록된 부분에 (E)라는 부호가 붙어있는 경우가 있습니다. 이를 두고 시장에서는 **컨센서스**[46]라고 부릅니다. 그리고 전문가들의 예상 순이익 등의 전망치를 한눈에 확인할 수 있는 컨센서스를 현재 시가총액으로 나눈 것이 포워드 PER입니다.

....

46) Consensus. 주식 시장 애널리스트 예상치의 평균.

$$\text{포워드 PER} = \frac{\text{향후 12개월간의 순이익 예상치}}{\text{현재 시점의 시가총액}}$$

포워드 PER의 가장 큰 단점은 애널리스트들의 순이익 예상치가 맞지 않을 수 있다는 점입니다. 그렇기에 '참고 지표'로만 사용해야 하죠. 물론 PER 자체도 한계가 있습니다. 지난 12개월(4분기)의 순이익을 기준으로 값을 산출하니까 지난해에만 있었던 단기적인 이벤트에 따른 순이익 왜곡 현상에 취약하죠. 여기서 단기적인 이벤트란 일시적인 비용의 증가, 자산의 처분, 투자 상품의 평가 차익 증가 등이 해당합니다.

이처럼 PER은 기업을 분석할 때 가장 먼저 사용하는 지표이지만 완벽한 지표로 보기는 어렵습니다. 국가별, 업종별로 평균 PER이 다르다는 점과 PER을 산출하는 현재 혹은 미래 예상 순이익이 다양하다는 이유로 왜곡될 수 있기 때문입니다. 그렇다면 합리적인 PER을 계산하기 어려울 때 사용할 수 있는 투자 지표는 무엇이 있을까요?

주요 재무정보	연간				
	2016.12 (IFRS연결)	2017.12 (IFRS연결)	2018.12 (IFRS연결)	2019.12 (IFRS연결)	2020.12 (IFRS연결)
매출액	12,720	13,504	13,890	13,610	12,807
영업 이익	-67	101	43	105	80
영업 이익(발표 기준)	-67	101	43	105	80
세전 계속사업이익	330	477	489	360	1,883
당기순이익	235	366	418	295	1,312

주요 재무정보	연간				
	2016.12 (IFRS연결)	2017.12 (IFRS연결)	2018.12 (IFRS연결)	2019.12 (IFRS연결)	2020.12 (IFRS연결)
매출액	139,523	138,413	147,611	156,597	151,324
영업 이익	7,982	9,134	10,035	10,769	1,541
영업 이익(발표기준)	7,982	9,134	10,035	10,769	1,541
세전 계속사업이익	-2,443	1,309	-1,035	952	-8,639
당기순이익	-2,155	-1,097	-4,217	-1,044	-8,384

컨센서스 예시, 출처: 네이버 금융

— 03 —

EV/EBITDA:
현금을 얼마나 버는가

기업은 자본과 노동력을 투입해 사업을 영위하고, 이를 통해 비용보다 더 많은 이익을 창출하는 시스템이라고 정의할 수 있습니다. 여기서 중요한 것은 "비용 대비 얼마나 많은 이익을 창출할 수 있는가."라고 할 수 있죠. 이러한 기업의 현금 창출 능력을 지표화한 것이 EV/EBITDA입니다. 딱히 한글로 번역된 명칭은 없고 흔히 '이비에비타'라고 읽습니다.

'EV'는 기업가치^{Enterprise Value}이고, 'EBITDA'는 이자, 세금, 감가상각비, 무형자산상각비 차감 전 이익^{Earnings Before Interest, Taxes, Depreciation and Amortization}의 약자입니다. 기업을 인수하는 입장에서 풀면 이렇습니다. EV, 즉 기업가치는 '기업 인수에 필요한 금액'을 말합니다. 시장에서 기업을 평가하는 금액인 시가총액에 장부상의

120

부채를 더하고, 기업이 보유한 현금을 뺀 값으로 구하죠. 그리고 EBITDA는 영업 이익에 감가상각비를 더한 것으로 기업의 순수한 '현금 창출 능력'을 말합니다. 기업이 보유한 현금은 인수 즉시 돌려받을 수 있기에 인수 금액(=기업가치)에서 빼줍니다. 반대로 부채는 인수 후에도 갚아야 하는 비용이므로 인수 금액에 더하는 것이죠.

$$EV/EBITDA = \frac{\text{기업의 인수에 필요한 금액}}{\text{기업의 현금 창출 능력 (4분기 기준)}}$$

EV/EBITDA는 지금 시장이 평가한 가치(시가총액)로 기업을 인수하면 투자 원금을 회수할 때까지 얼마나 걸리는 지를 보여줍니다. 기업이 보유한 현금이 많을수록, 부채가 적을수록 기업 인수에 필요한 금액은 작아지고, 원금 회수 기간도 줄겠죠. 그렇기에 EV/EBITDA는 현금 창출 능력으로 기업가치를 따질 때 유용합니다. 특히 실적이 빠르게 증가하는 기업은 EV/EBITDA가 급격히 낮아집니다.

HMM의 사례

2020년부터 시작된 해운업계의 호황으로 실적이 큰 폭으로 개선된 HMM(구 현대상선)을 볼까요? 주가 상승폭이 10배에 이르고 실

재무년월	매출액(억원, %)		영업이익 (억원, %)	당기순이익 (억원, %)	EPS (원)	PER (배)	PBR (배)	ROE (%)	EV/EBITDA (배)	순부채비율 (%)	주재무제표
	금액	YoY									
2020.09(A)	17,185	18.70	2,771	246	75	95.74	1.39	1.44	17.75	317.00	IFRS연결
2020.12(A)	20,065	48.36	5,670	1,368	419	33.32	2.70	8.10	13.23	293.61	IFRS연결
2021.03(A)	24,280	84.91	10,193	1,541	465	62.37	4.67	8.05	11.98	191.34	IFRS연결

HMM 재무제표, 출처: 전자공시시스템

적이 개선되었음에도 PER은 들쑥날쑥한 경향을 보였습니다. 하지만 EV/EBITDA는 안정적으로 떨어졌죠.

물론 EV/EBITDA도 완벽하지는 않습니다. HMM은 기업 재건 과정에서 막대한 규모의 전환사채를 발행했습니다. 2020년 12월 결산 기준 이자 발생 부채가 6조 원, 부채 비율이 455%에 이를 정도로 재무 건전성이 악화된 상태였습니다. 그럼에도 EV/EBITDA 지표가 나쁘지 않았다는 것에 맹점이 있습니다. 게다가 해운업의 특성상 장기 계약, 운임료 전망, 국제 유가 추세, 선박의 감가상각 등도 고려해야 하는데, EV/EBITDA는 순수한 현금 흐름만으로 기업가치를 평가하기 때문에 절대적인 투자 지표로 활용하기가 어렵습니다.

남양유업의 사례

다만 기업 간 인수합병M&A을 진행할 때 유용한 투자 지표로 활용할 수 있습니다. 2021년 5월 남양유업이 사모펀드인 한앤컴퍼니에

재무년월	매출액(억원, %)		영업이익 (억원, %)	당기순이익 (억원, %)	EPS (원)	PER (배)	PBR (배)	ROE (%)	EV/EBITDA (배)	순부채비율 (%)	주재무제표
	금액	YoY									
2018(A)	10,797	-7.47	86	20	2,273	274.54	0.59	0.23	3.75	-33.98	IFRS연결
2019(A)	10,308	-4.53	4	292	32,968	13.33	0.41	3.25	3.12	-19.24	IFRS연결
2020(A)	9,489	-7.95	-771	-535	-60,339	N/A	0.28	-6.04	-6.15	-13.25	IFRS연결

남양유업 재무제표, 출처: 전자공시시스템

매각되었습니다.[47] 남양유업의 '불가리스'가 코로나19 바이러스 사멸에 효과가 있다는 자체 연구 결과를 활용해 무리한 마케팅을 벌인 게 화근이었습니다. 불매 운동으로 이어진 사태에 대해 오너 일가가 책임지고 회사를 떠난다고 발표해 세간의 화제가 되었죠. 하지만 사람들이 더 놀란 것은 오너 일가가 보유한 지분의 매각 대금이었습니다. 매수자인 한앤컴퍼니가 인수합병 당시 시장 가격의 2배라는 파격적인 프리미엄을 지급하면서 오너 일가의 지분을 매입한 것이죠. 그런데 최근 몇 년간 남양유업의 EV/EBITDA를 보면 이러한 인수 가격에 대해서 고개를 끄덕일 수밖에 없습니다.

코로나19가 발발하기 직전인 2019년 남양유업의 EV/EBITDA는 3.12 수준이었습니다. 인수 후 3년 정도면 인수 금액을 모두 회수할 수 있을 정도의 현금 창출 능력이 있다는 것입니다. 이 정도면 비효율적인 영업망과 추락한 브랜드 가치, 시장 점유율을 감안해도 충분히 매력적인 가격이었습니다. 그렇기에 100%에 달하는 경영권 프리미엄에도 많은 투자자들이 '오너 리스크 해소'라면서 새

---

47) 2022년 1월 기준, 매각 당사자인 홍원식 회장 측과 한앤컴퍼니 간의 지분 매각에 관한 소송 진행 중.

로운 기대감을 갖고 기업가치를 다시 분석했죠. 주가는 인수합병이 발표된 날 상한가를 기록했고, 2019년 이후 2년 동안 추락했던 주가가 한 번에 회복되는 모습이 나타났습니다.

　만약 남양유업 인수 시점에 PER만 활용해서 기업가치를 분석했다면 투자자들의 움직임을 이해할 수 없었을 것입니다. 그렇기에 우리는 다양한 투자 지표의 원리를 이해하고 이벤트에 따라 적절하게 활용하는 능력을 쌓아야 합니다. 활용할 수 있는 도구가 많을수록 조금 더 나은 투자 성과를 거둘 수 있을 것입니다.

· 04 ·

배당과 주주 환원:
저점을 찾는 법

이번에 알아볼 지표는 저점을 찾을 때 혹은 해외 투자를 할 때 유용하게 써먹을 수 있는 배당률과 배당 성향입니다. 개인적으로 투자 지표 중에서 가장 많이 참고하는 게 배당률과 배당 성향입니다. 배당은 잘 아시는 것처럼 매출에서 비용을 제외하고 남은 금액의 일부를 투자자들에게 돌려주는 것인데요, 그 방식이 생각보다 다양합니다. 지금부터 이에 대해 자세히 알아보겠습니다.

배당률

친구와 떡볶이 가게를 창업한다고 칩시다. 두 사람이 각각 1억 원씩 출자를 해서 법인을 만들었다고 가정하겠습니다. A와 B의 지분은 각각 50%입니다. 떡볶이를 판매하고 1년간 3억 원의 매출이 발생했고 1억 원의 원재료비와 1억 원의 관리비, 세금, 기타 비용이 발생했다고 합시다.

> 3억 원(매출) - 1억 원(원재료비) - 1억 원(관리비, 세금, 기타 비용)
> = 1억 원(순이익)

A와 B가 떡볶이 사업으로 1년간 벌어들인 순이익은 1억 원입니다. 두 사람은 50%씩 법인 지분이 있으니 각각 5,000만 원에 대한 권리가 생기죠. 하지만 2호점 설립을 위해 순이익을 주주에게 돌려주지 않고 재투자로 사용합니다. 투자자로서 얻을 수 있는 수익은 없죠. 만약 순이익 1억 원 중 50%는 재투자에 사용하고 50%는 배당금으로 지급한다면, A와 B는 순이익 1억 원의 50%인 5,000만 원을 투자한 비율에 따라 지급받습니다. 즉 한 사람당 2,500만 원의 배당금을 수령하죠. 제3의 길도 있습니다. 2호점을 열지 않고 배당금도 주지 않는 것입니다. 그러면 1억 원의 순이익은 법인 계좌에 고스란히 적립됩니다.

여기서 주목할 점은 배당을 주는 게 의무가 아니라는 것입니다. 주식회사는 돈을 벌었어도 이를 주주에게 돌려주지 않고 기업 내부에 적립할 수 있습니다. 그럴 경우 투자자들이 얻을 수 있는 이익은 없습니다. 실제로 상장사를 봐도 배당금을 지급하는 기업이 있는가 하면, 배당을 전혀 지급하지 않는 기업도 꽤 많습니다. 이는 보통 스타트업Start-up, 초기 기업에서 많이 나타나는 특징입니다. 매출이 성장하는 단계의 기업 역시 사업을 확장하기 위해 배당이 적을 수 있습니다.

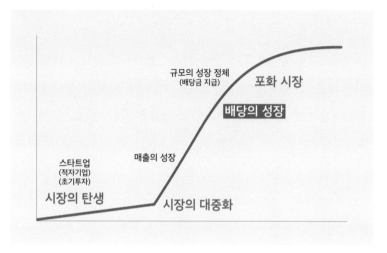

기업의 생애 주기에 따른 배당

하지만 외적인 성장이 충분히 이루어진 기업에서 이런 일이 발생하면 투자자들은 고민에 빠집니다.

투자란 이익 발생을 목적으로 본인의 자금을 회사에 일시적으로 빌려주는 것입니다. 그런데 투자자의 돈으로 기업이 수익을 냈는데도 투자자가 돌려받는 것이 없다면 투자 목적이 사라질 수 있습니다. 게다가 지금은 개인 투자자도 글로벌 시장에 얼마든지 참여할 수 있는 시대입니다. 우리나라 기업들이 마음에 안 들 경우 언제든 다른 나라로 시선을 돌릴 수 있는데, 국가별로 배당을 비교하면 한국과 미국 시장이 얼마나 다른지 알 수 있습니다.

배당 성향

2010~2017년 사이에 국내 상장사들이 벌어들인 순이익 대비 배당을 한 비율, 즉 배당 성향은 20% 수준입니다. 이게 무슨 말이냐면, 전체 상장사가 1년간 100조 원의 순이익을 거두었다고 가정할 때, 총 배당금은 약 20조 원이었다는 것입니다. 2020년 삼성전자가 특별 배당으로 2019년 대비 약 10조 원의 추가 배당금을 지급하면서 코스피 상장사의 배당 성향은 50%까지 증가했습니다. 하지만 삼성전자를 제외하면 여전히 10%대의 낮은 배당 성향을 보이는 것이 국내 주식 시장입니다.

전 세계가 동일하게 순이익의 10~20% 수준의 배당 성향을 보인다면 문제가 없겠죠. 하지만 중국만 해도 대부분의 국영 기업들이 '공산주의'의 '공동 생산 정신'을 내세워 30%가 넘는 배당 성향(2018년 기준)을 보였습니다. 일본 역시 35% 수준의 배당 성향을 나타내고(2016년 기준), 세계 1등 금융 시장인 미국은 배당 성향이 50%에 이릅니다(S&P500, 2016년 기준). 우리나라의 배당 성향은 미국과 비교하면 약 절반, 중국과 비교하면 2/3 수준밖에 되지 않습니다. 배당 성향을 중시하는 글로벌 투자자 입장에서 우리나라는 투자 매력도가 떨어지는 시장이죠.

2020년 한국 증시는 엄청나게 올랐습니다. 10년이나 갇혀있던 박스권을 드디어 탈출했고, 코스피는 3,000pt 선을 유지하고 있습니다. 코스피가 2,400pt를 돌파했던 2020년 가을, 대부분의 증권사는 코스피가 연말까지 2,600pt 수준에 이를 것이라 예상했습니다. 하지만 2020년 12월 코스피는 2,800pt를 찍고 2021년 1월 3,000pt 시대를 열었습니다. 2019년 코스피 평균치가 2,000pt였으니까 코로나19 이후에 약 50%가 오른 것입니다.

이런 상승세에도 한국 주식 시장에 대한 평가가 다른 나라에 비해 여전히 박하다는 의견이 많습니다. 2020년 기준 **코스피200**[48] 지수의 PER은 24.1을 기록했는데, 미국이나 유럽, 일본 등 선진국 주가 지수의 PER 평균값은 무려 30.4였기 때문이죠. 이렇게 한국 증시가 저평가되는 가장 큰 이유로 낮은 배당 성향을 꼽을 수 있습니다. 글로벌 투자자들에게 배당률과 배당 성향은 기업이 돈을 버는 것과 별개로 매우 중요한 투자 지표인 것입니다.

자사주 매입과 소각

배당 관련해서 한 가지 주의할 점은 '세금'입니다. 모든 소득에는

---

48) KOSPI200. 한국 대표 주식 200개 종목으로 산출하는 주가 지수.

세금이 붙습니다. 국내에서는 배당금에 약 15.4%(소득세 14%+지방세 1.4%)의 세금이 붙습니다. 미국 역시 평균 15%(0~30%)의 소득세를 징수하고, 일본도 15%의 세금이 발생하는데요, 배당금이 1년간 100만~500만 원 수준에 머문다면 세금은 15만~75만 원 정도니 크게 부담스러운 금액은 아닙니다. 하지만 1억 원이 넘는 배당금을 수령하는 큰손 투자자들은 사정이 다릅니다. 세율이 15%면 세금이 천만 원 단위로 뜁니다.

게다가 우리나라에서는 1년에 2,000만 원 이상의 배당을 받을 경우 적용되는 세금이 달라집니다. 연간 1억 원의 배당금을 받는다면, 그중 2,000만 원까지는 15.4% 세율이 적용되어 308만 원의 세금이 부과되지만 나머지 8,000만 원은 다른 소득과 합산해 최소 24%에서 최대 45%의 세금을 납부합니다(2021년 기준).

이런 세금이 무서운 큰손 투자자들이 '과세 대상'인 배당금보다 더 선호하는 주주 환원 정책이 있습니다. 앞서 언급한 자사주 매입과 소각입니다. 자사주 매입은 기업이 잉여 이익으로 시장에 유통되는 주식을 매입하는 것이라고 했죠. 한국 기업은 이렇게 매수한 주식을 임직원에게 스톡옵션으로 지급하거나 사업 파트너들과의 지분 교환으로 사용하는 경우가 많습니다. 그렇기에 한국에서 자사주 매입은 호재로 인식되거나 주가 상승으로 연결되기보다는 단순한 사업의 확장으로 해석됩니다. 오히려 임직원들이 시세 차익을 노렸다고 와전되면서 악재로 작용하기도 합니다.

하지만 미국 기업들은 자사주를 매입해서 대부분 '소각'합니다.

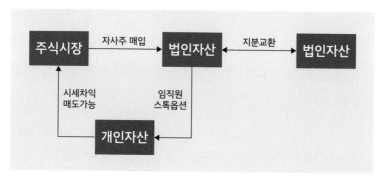

순이익(이익에서 비용을 뺀 값) 중 일정 비율을 배당으로 지급한 뒤, 마지막으로 시장에서 자사주를 매입하고 소각합니다. 기업이 자사주를 소각하면, 투자자들이 보유한 주식은 가치가 상승합니다. 주가가 오른다고 바로 세금이 붙는 것은 아니니(매도 시 세금 부과) 이런 측면에서 미국의 큰손 투자자들은 자사주 매입과 소각을 선호합니다. 즉 자사주 매입과 소각이 활발한 것은 미국 혹은 월스트리트 투자자들의 욕망이 만든 결과물이라고 할 수 있죠. 또한 미국 시장을 적어도 지난 12년간(2008년 리먼 브라더스 사태 후~2020년 코로나19 위기 전까지) 일정한 각도로 우상향하게 한 원동력이기도 합니다.

총 주주 환원율

자사주 소각이 투자자에게 직접적인 이익이 되는 원리를 좀 더 자세히 알아볼까요?

　시가총액 10조 원의 기업이 10억 주의 주식을 발행했다고 가정해봅시다. 1주당 가격은 1만 원입니다. 이 기업이 발행 주식의 20%에 해당하는 2억 주를 매입하고 소각했습니다. 그렇다면 기업이 발행한 총 주식 수는 8억 주이고, 기업의 가치는 자사주 소각 전과 동일합니다.

10억 주 × 1만 원 = 10조 원 = 8억 주 × 1만 2,500원

기업가치는 변하지 않고 발행된 주식 수가 줄어드니 1주당 가치는 1만 원에서 1만 2,500원으로 뜁니다. 20%의 자사주를 매입하고 소각하는 과정에서 1주의 가치가 자연스레 25% 상승한 것입니다. 큰손 투자자들이 배당보다 자사주 소각을 좋아하는 이유가 여기에 있습니다. 배당금은 지급과 동시에 현금 수익으로 인식되기에 세금이 발생하지만, 주가가 상승한 것은 주식을 매도해 차익 실현을 하기 전까지는 자산으로만 인식됩니다. 보유세가 없는 주식의 경우 매도하지 않으면 세금이 발생하지 않는 것이죠. 특히 대부분의 금융 선진국에서는 장기 투자 시 낮은 세율을 적용하는 제도가 있습니다. 큰손 투자자들이 장기 투자와 자사주 소각을 왜 선호하는지 쉽게 이해할 수 있겠죠.

2010년대(정확히는 2011~2017년) 미국 시장의 배당 성향은 약 40% 수준이었지만, 자사주 매입 성향은 약 55% 수준으로 훨씬 높았습니다. 미국 기업은 벌어들인 순이익의 95%를 회사에 적립하지 않고 투자자에게 돌려주거나 시장에 유통되는 회사 주식을 매

입하는 데 쓴 것이죠. 회사는 투자자를 만족시키고, 투자지는 많은 투자 수익을 기대할 수 있기에 윈윈 전략이라 할 수 있습니다. 이런 전략은 기업의 성장기에 투자한 미국 큰손들로 하여금 기업이 성숙기에 접어들어도 주식을 팔지 않게 유도합니다. 투자자들은 꾸준히 증가하는 배당금과 자사주 소각 등의 주주 환원 정책으로 장기 투자 효과를 극대화하려 할 것입니다. 그리고 이러한 주주 환원 정책으로 투자자가 얻는 이익의 총합을 '총 주주 환원율^{TSR, Total Shareholder Return}'이라고 표현합니다.

배당으로 저점 찾는 법 3가지

이쯤 되면 필자가 왜 배당금과 배당 성향, 총 주주 환원율을 가장 많이 참고한다고 했는지 궁금하실 겁니다. 한국 시장은 배당금과 자사주 매입 및 소각에 인색한데 말이죠.

　배당금과 배당 성향, 총 주주 환원율이 중요한 이유는 이 지표들로 '저점'을 찾을 수 있기 때문입니다. 안전한 투자를 추구하는 개인이 시장 수익률을 앞지르려면 저점 매수를 최우선 과제로 삼아야 합니다. 성장하는 기업의 주식을 3년 혹은 5년간 장기 투자하면 큰 수익을 거둘 수 있다는 것은 누구나 알고 있습니다. 장기 투자를 성공적으로 할 수 있는 사람이 적을 뿐이죠. 일단 작고 소중한 월급을 아끼고 아껴서 만든 시드머니^{Seed money, 종잣돈}를 몇 년간 한 종목(혹은 ETF)에 묻어두기가 어렵고, 주가 하락 시 추가 매수할 수 있는 투자자도 거의 없습니다. 주식은 적금이나 펀드처럼 묶어두는 게 아니라, 본인이 즉시 사고팔 수 있습니다. 그래서 계좌를 보고 불안해지면 조급한 선택으로 이어질 가능성이 크죠. 결국 장기 투자에 성공하려면 확률 높은 투자 전략으로 성공을 경험하는 것이 중요합니다. 그 첫걸음이 '배당률을 기준으로 저점과 고점 찾기'가 될 수 있습니다.

주가 저점 찾기: LG

LG그룹의 지주회사 주식회사 LG(003550)를 예로 들어 저점을 찾아보겠습니다. LG는 2015~2017년에는 주당 1,300원의 배당금(보통주 기준)을 지급했습니다. 이후 2018년에는 2,000원, 2019년에는 2,200원, 2020년에는 2,500원… 이런 식으로 점점 배당을 늘렸죠.

이 정보를 바탕으로 글로벌 투자자와 같은 관점에서 생각해보겠습니다. 한국거래소에 따르면 코스피를 추종하는 주요 주가 지수의 평균 배당 수익률은 약 1.9%입니다(2021년 7월 기준). 이때 LG

003550 배당				i
배당락일 ÷	배당 ÷	유형 ÷	지불일 ÷	수익률 ÷
2020년 12월 29일	2742.47	TTM	2021년 04월 20일	2.84%
2019년 12월 27일	2200	TTM	2020년 04월 20일	2.12%
2018년 12월 27일	2000	TTM	2019년 04월 16일	2.57%
2017년 12월 27일	1300	TTM	2018년 04월 11일	1.99%
2016년 12월 28일	1300	TTM	2017년 04월 11일	1.54%
2015년 12월 29일	1300	TTM	2016년 04월 18일	2.00%

LG 배당 변화 추이, 출처: 인베스팅닷컴

라는 개별 기업의 2021년 예상 배당금이 2,500~3,000원이라고 합시다. 예상 주가를 다음과 같이 계산해 볼 수 있습니다.

$$\frac{100\%}{1.9\%} \times 2{,}500원 = 13만\ 1{,}579원$$

$$\frac{100\%}{1.9\%} \times 3{,}000원 = 15만\ 7{,}895원$$

하지만 2015년부터 2020년까지 역대 배당 수익률을 살펴보니 1.9%보다 높았습니다. 그러니 투자자들은 1.9%가 아니라 대략 2~2.5% 수준의 배당을 바라며 투자했을 가능성이 높습니다. LG라는 대기업은 성장성이 낮기 때문에 급격한 주가 상승보다는, 시장 평균보다 높은 배당 수익률을 기대하는 것이죠. 2~2.5% 수준의 배당률로 다시 계산하면 예상 주가는 이렇습니다.

$$\frac{100\%}{2.5\%} \times 2{,}500원 = 10만\ 원$$

$$\frac{100\%}{2.0\%} \times 3{,}000원 = 15만\ 원$$

큰손 투자자들은 배당금이 지급되는 연말을 기준으로 1주당 10만~15만 원이 LG 주가의 적정선이라고 생각할 가능성이 높습니다. 그렇기에 이보다 낮은 가격에서 매수하면 심리적으로 안정된 투자를 이어갈 수 있습니다. 물론 예상 주가가 100% 맞지는 않습니다. 환율, 금리, 외교 등의 이슈가 변수로 작용할 수 있죠. 다만 2021년 연말 배당 시즌에 높은 확률로 해당 가격대에서 거래된다는 의미이며, 이런 기준을 세우면 LG 주가가 10만 원 아래일 때 매수, 15만 원 위일 때 매도하는 전략을 세울 수 있죠. 이게 바로 배당률을 활용한 투자 전략입니다.

주가 저점 찾기: 다나와

LG는 사업으로 돈을 버는 사업회사가 아닙니다. 거느린 계열회사(LG전자, LG화학, LG유플러스 등)로부터 브랜드 수수료, 부동산 임차료 등을 받아 매출을 올리는 지주회사죠. 그렇기에 순이익 증가를 예상하기 어렵고, 매출이 발생하는 전체 시장 규모를 가늠하기도 힘듭니다. 예상 순이익과 배당금으로 저점을 찾기 어려울 수 있죠. 그래서 이번에는 대표적인 우상향 기업인 다나와(119860)를 예로 들어보겠습니다.

다나와는 '가격 비교'를 강점으로 내세운 전자상거래 기업입니다. 컴퓨터 부품으로 시작해서 가전제품, 중고차 등으로 범위를 넓혔으며, 소비자들이 주로 하드웨어 제품 가격을 비교할 때 많이 찾습니다. 다나와는 전체 전자상거래 시장이 커지면서 매년 20~30% 수준의 매출 성장을 이루었습니다. 순이익도 연평균 37%씩 높게 성장했죠. 게다가 매년 20~25% 수준의 배당 성향을 꾸준히 기록하면서,

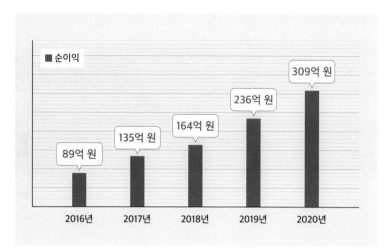

다나와 순이익 변동 추이

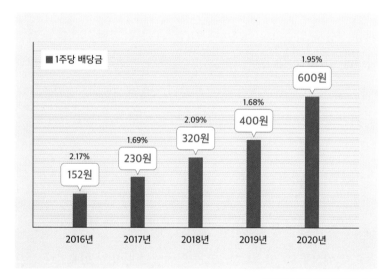

다나와 1주당 배당금 변동 추이

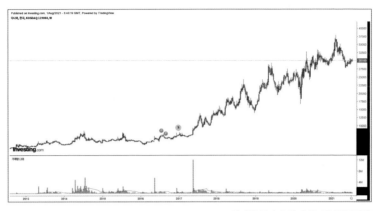

1주당 배당금 역시 연평균 41%씩 늘었습니다.

다나와는 이렇게 고유의 사업으로 순이익을 증대하면서, 동시에 배당 성향을 일정하게 유지하며 적극적인 주주 환원 정책을 실행했습니다. 그 결과 다나와의 주가는 2016년 연말 1만 3,000원(액면분할 이후 기준)에서 2020년 연말 3만 1,000원으로 약 140%나 올랐습니다.

지난 5년간 다나와는 돈을 버는 만큼 배당금을 늘렸습니다. 그러니 앞으로도 순이익이 증가하는 만큼 배당금도 증가할 거라고 기대할 수 있습니다. 2021년 다나와의 예상 순이익은 약 335억 원입니다. 전년 대비 10%가량 증가한 수치인데요, (2021년 7월 기준) 이 성장률을 배당금에 적용하면 2021년 예상 배당금은 약 650원 수준으로 예상할 수 있습니다. 2022년 예상 순이익은 20%가량 증가한 392억 원이므로, 배당금은 대략 700~750원 수준이라고 기대할 수 있겠죠. 그렇다면 적정 주가는 얼마일까요? 2021년 연말 예상 배당금이 650원이고 2022년 연말 예상 배당금이 700~750원이라고 할 때, 코스피 평균 배당률(1.9%)을 적용해 다나와의 적정 주가를 계산해보죠.

$$\frac{100\%}{1.9\%} \times 650원 = 3만\ 4,211원$$

$$\frac{100\%}{1.9\%} \times 700원 = 3만\ 6,842원$$

$$\frac{100\%}{1.9\%} \times 750원 = 3만\ 9,474원$$

2021년 말 기준으로 약 3만 4,200원의 목표 주가를 설정할 수 있습니다. 2022년 말 기준으로는 약 4만 원(최대)까지도 기대할 수 있죠. 이렇게 목표 주가를 설명하면 현재 주가와 비교해 예상 수익률을 계산해서 적절한 투자 판단을 내릴 수 있습니다.

만약 현재 주가가 3만 원이면 2021년 말까지 1주당 4,200원의 수익을 예상할 수 있습니다. 수익률로 계산하면 14%라는 수치가 나옵니다. 2021년 7월 1일에 매수해서 연말까지 보유하면, 14%의 주가 차익과 약 2.2%(650원/3만 원으로 계산)의 배당 수익을 기대할 수 있는 것입니다. 한마디로 투자 기간 6개월에 목표 수익 총 16.2%이라는 계산이 나옵니다. 만약 투자 기간을 2022년 말까지 늘린다면 어떨까요? 동일한 원리로 33%의 주가 차익(예상 주가를 4만 원으로 계산)과 4.7%의 배당 수익{2021년 배당 수익 2.2%+2022년 배당 수익 2.5%(750원/3만 원으로 계산)}을 바랄 수 있습니다. 18개월 동안 총 37.7%의 수익을 목표로 투자할 수 있죠.[49]

이와 같이 기업의 실적 전망치와 순이익 전망치, 역대 배당률, 배당 성향 등을 근거로 목표 주가와 예상 수익률을 계산하면 투자 성공 가능성이 훨씬 높아집니다. 여기에 시대의 흐름에 따른 산업 전망을 더하면 좋습니다. 코로나19로 비대면 서비스가 활성화될 때, 혹은 백신 보급 이후 보복 소비가 늘어날 때 어떤 산업이 함께 성장할지 생각해 보는 것이죠. 이렇게 '목표 주가'와 '예상 수익률' 그리고 '산업 전망'을 종합해서 매수/매도 우선순위 전략을 수립하면, 시장 수익률보다 훨씬 높은 수익을 내는 일이 결코 어렵지 않습니다.

주가 고점 찾기: S-Oil

마지막 사례는 지금까지와 반대되는 경우입니다. 배당을 기준으로 주가가 꺾이는 시점, 즉 고점을 찾을 수도 있습니다.

배당의 감액에 따른 주가 하락 시점을 예측하는 것인데, S-Oil의 사례를 보겠습니다. S-Oil은 석유 화학 기업으로, 정유 사업과 석유

---

49) 참고로 다나와는 매출과 순이익이 순증하는 기업은 맞지만 2021년 다나와가 매각되면서 향후 배당 성향의 변화가 발생할 수 있다. 다나와를 인수한 대주주는 '코리아센터'로 코리아센터 역시 사모펀드(PEF)인 IMM PEF에게 투자금을 유치한 상황. 경영진이 변경된 경우 기업의 운영 방침이 변경될 수 있다는 점에 대해서 유의할 필요가 있다.

유통 사업을 주로 영위합니다. 그렇기에 원유 가격과 **정제마진**[50]에 기업 실적이 크게 좌우될 수밖에 없죠.

배당금 역시 실적에 비례해 지급합니다. 2012년 S-Oil의 배당금은 중간 배당 450원, 연말 배당 2,200원으로 연간 2,650원이었습니다. 2013년에는 450원과 880원, 2014년에는 중간 배당 150원만 지급했습니다. 국제 유가 하락에 따른 순이익 감소가 배당금에 영향을 미친 것이죠. 2015년부터 다시 배당금이 증액되면서 연간 2,400원의 배당금을 지급했고, 2016년에는 6,200원, 2017년 6,200원이 지급되었습니다. 이 기간에 S-Oil의 주가 흐름은 그림과 같습니다.

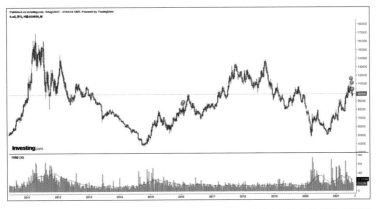

S-Oil 주가 흐름, 출처: 인베스팅닷컴

....

50) 정유업체들은 원유를 수입해 정제(물질에 섞인 불순물을 없애 그 물질을 더 순수하게 함)한 후 생산되는 석유제품을 판매해 수익을 냄. 정유업체의 이익은 이런 석유제품 판매 수익에서 원유 수입 비용, 설비 운영비 및 제품 운반비 등의 비용을 차감해 구할 수 있는데, 이를 정제마진이라 한다.

2021년에는 코로나19로 국제 유가가 배럴당 60달러 수준에서 20달러 수준으로 급락하면서(선물 시장에서는 사상 처음으로 마이너스 유가를 기록하기도 했음), S-Oil은 연간 8,000억 원에 가까운 순손실이 발생했습니다. 그 결과 2014년 배당금인 150원 수준도 지급하지 못했습니다. '배당이 강한' 정유 기업으로서의 체면을 구기고 연간 배당금 0원이라는 기록을 남긴 것입니다.

이렇게 기업의 배당이 어떻게 변하는지 보면 주가의 저점과 고점, 목표 수익과 예상 수익률을 계산할 수 있습니다. 물론 배당을 기준으로 수립한 이런 투자 전략에도 아쉬운 점은 있습니다. 원금 손실을 최소화하는 안전한 투자 방법이긴 하나, 최고의 수익률을 기대하기는 어렵습니다.

코로나19 이후 비대면 비즈니스가 활성화되면서 카카오나 네이버 등의 플랫폼 기업들은 300~500%의 엄청난 성장을 이루었습니다. 미국에서는 테슬라가 자율주행 기술 발달, 탄소중립 및 친환경 정책의 확대, 흑자 전환 이슈에 힘입어 1,000%에 가까운 상승을 기록했죠. 이런 역사적인 성장률에 비하면, 배당을 기준으로 1년에 20~30% 정도의 수익을 기대하는 게 만족스럽지 않을 수 있습니다.

맞습니다. 네이버, 카카오, 테슬라, 넷플릭스 같은 혁신 기업은 배당금과 주가의 상관관계가 매우 낮을 수 있습니다. 하지만 혁신 기업을 제외하면 배당은 대체로 매우 효과적인 지표가 됩니다. 특히 규모의 경제를 완성한 글로벌 기업이라면 배당금 지급 규모가 주가 방향을 결정하는 핵심 요소로 작용합니다. 배당금과 배당 성향, 자사주 소각 비율 등의 지표로 주가의 고점과 저점을 찾는 연습이 중요한 이유입니다.

덧붙여 미국에서는 대부분의 기업이 배당금과 자사주 소각을 이용해 주가를 올리려는 노력을 적극적으로 하는 편입니다. 미국 기업의 CEO는 보통 투자자나 이사회 구성원들에 의해 선출되는데요, 주가 상승은 투자자들의 신뢰를 얻을 수 있는 가장 좋은 방법이기 때문에 이를 위해 애쓰는 것이 당연합니다. 적극적인 주주 환원 정책을 펼치는 것도 같은 맥락이죠. 기업을 얼마나 성장시킬 수 있는지와 더불어 주주 환원 정책을 어떻게 펼치는가에 따라 CEO의 능력이 평가되므로, 글로벌 투자 혹은 미국 투자에 관심 있다면 배당과 주주 환원 정책은 반드시 공부해야 하는 지표라고 말씀드리고 싶습니다.

ROE와 ROA:
사업 성과 분석하는 법

ROE와 ROA는 Return on Equity와 Return on Assets의 약자로 '수익성' 지표로 불립니다. 기업이 사업 운영을 얼마나 효율적으로 하는지 확인할 수 있죠. 먼저 ROE는 '자기 자본 이익률'이라고 하며 산출 공식은 다음과 같습니다.

$$\text{자기 자본 이익률}^{ROE} = \frac{\text{당기순이익}}{\text{평균 자기 자본}} \times 100(\%)$$

기업이 자기 자본으로 사업을 할 때 투자한 자본 대비 순이익이 어느 정도의 비율인지 보여줍니다. 100억 원의 자본을 투입에 1억 원의 순이익을 남기면 ROE는 1%, 100억 원의 자본을 투입해 10억 원의 순이익을 남기면 ROE는 10%가 됩니다.

조금 더 쉽게 설명하면 이렇습니다. 떡볶이 가게 사장님이 떡과 고추장, 기타 재료 등에 10만 원을 사용하고 전기세와 인건비, 월세 등에 90만 원을 썼다고 합시다. 떡볶이의 총 판매 금액이 120만 원 이라면 순이익은 20만 원이기에 ROE는 20%입니다. 마찬가지로 떡볶이의 총 판매 금액이 150만 원이라면 순이익은 50만 원이기에 ROE는 50%가 되죠. 20만 원을 남긴 사장님보다 50만 원을 남긴 사장님이 장사를 효율적으로 하는 것이기에, ROE가 높을수록 사업 성과가 좋은 기업이라고 할 수 있습니다.

ROE를 볼 때 주의점

물론 ROE가 높다고 절대적으로 좋은 기업은 아닙니다. ROE만으로는 사업이 어디까지 커질지, 즉 성장성이나 확장성을 파악하기 어렵습니다. 앞서 떡볶이 가게 사례에서 ROE가 높은 가게가 투입 자금 대비 높은 순익을 돌려주는 기업이라고 할 수는 있습니다. 그러나 진입 장벽이 낮은 떡볶이 판매 사업으로 나만의 고유 기술을 확보하거나, 전 세계로 사업을 확장하기는 어렵죠. 따라서 ROE로 투자 판단을 내릴 때는 매출의 성장성과 순이익의 성장, 영업 이익률 등을 함께 고려해야 합니다.

ROE를 볼 때 또 하나 주의할 점은 ROE 계산에 쓰이는 '자기 자본'이 회사의 '순자산'을 의미한다는 것입니다. 다시 말해 전년도에 벌어들인 수익을 쓰지 않고 회사에 적립하면 전년도와 동일한 매출, 동일한 순이익이 발생해도 순자산이 증가하고 ROE는 감소하죠. 결국 ROE를 꾸준히 추적하면 회사가 얼마나 투자를 잘하는지, 효율적으로 사업을 하는지, 성장 하면서도 효율성을 유지하고 있는지 등 많은 것을 알아낼 수 있습니다.

ROE는 워런 버핏이 가장 중요하게 생각하는 투자 지표이기도 합니다. 또한 버핏이 투자할 때 고려한다고 밝힌 여러 요건들이 ROE와 관련되어 있습니다. 대표적으로 다음과 같은 사항들이죠.

> "독점적 사업 분야로 가격을 선도하는 기업이어야 한다."
> "재고 수준이 낮고 자산 회전율이 높아야 한다."
> "주주 중심의 경영을 실천하는 기업이어야 한다."

모두 투자한 자본에 대해 확실한 순이익을 보전할 수 있는 기업인지 확인하기 위한 내용들입니다. 버핏의 회사 버크셔 해서웨이에서 투자하는 기업들은 ROE가 15% 이상이라고 알려져 있는데요, ROE에 대한 버핏의 투자 철학이 그만큼 확고하다고 볼 수 있습니다.

국내에서도 15% 이상의 ROE를 꾸준하게 유지하는 기업들이 생각보다 많습니다. LG생활건강(051900), DB하이텍(000990), 다나와(119860), 에코마케팅(230360) 등이 대표적이죠. 이들 기업

기업실적분석				
	최근 연간 실적			
주요재무정보	2018.12	2019.12	2020.12	2021.12(E)
	IFRS연결	IFRS연결	IFRS연결	IFRS연결
매출액(억원)	67,475	76,854	78,445	84,450
영업이익(억원)	10,393	11,764	12,209	13,312
당기순이익(억원)	6,923	7,882	8,131	9,046
영업이익률(%)	15.40	15.31	15.56	15.76
순이익률(%)	10.26	10.26	10.37	10.71
ROE(%)	20.98	20.32	17.92	17.46

기업실적분석				
	최근 연간 실적			
주요재무정보	2018.12	2019.12	2020.12	2021.12(E)
	IFRS연결	IFRS연결	IFRS연결	IFRS연결
매출액(억원)	6,693	8,074	9,359	10,826
영업이익(억원)	1,130	1,813	2,393	3,079
당기순이익(억원)	868	1,046	1,660	2,270
영업이익률(%)	16.88	22.45	25.57	28.44
순이익률(%)	12.97	12.96	17.74	20.97
ROE(%)	17.12	17.39	23.07	26.52

기업실적분석				
	최근 연간 실적			
주요재무정보	2018.12	2019.12	2020.12	2021.12(E)
	IFRS연결	IFRS연결	IFRS연결	IFRS연결
매출액(억원)	1,214	1,713	2,320	2,317
영업이익(억원)	202	284	378	409
당기순이익(억원)	164	236	309	335
영업이익률(%)	16.62	16.56	16.29	17.64
순이익률(%)	13.51	13.77	13.34	14.47
ROE(%)	19.68	23.63	25.11	22.40

기업실적분석				
	최근 연간 실적			
주요재무정보	2018.12	2019.12	2020.12	2021.12(E)
	IFRS연결	IFRS연결	IFRS연결	IFRS연결
매출액(억원)	621	1,114	1,770	2,491
영업이익(억원)	169	378	589	596
당기순이익(억원)	160	334	548	517
영업이익률(%)	27.16	33.98	33.25	23.94
순이익률(%)	25.78	29.95	30.94	20.74
ROE(%)	19.46	32.65	42.16	30.69

LG생활건강, DB하이텍, 다나와, 에코마케팅의 재무제표, 출처: 네이버금융

의 공통점은 매년 실적이 증가하면서 순이익도 함께 늘어나고, 그 과정에서 ROE도 높게 유지한다는 것입니다.그림에서 알 수 있듯 공통적으로 일정한 수준의 배당 성향을 유지하고, 주가 역시 우상향하고 있습니다.

ROE에는 큰 단점도 있습니다. 자기 자본에 대한 순이익 비율만 표시하기에 부채를 일으켜 사업을 크게 확장하는 기업을 가려내지 못합니다. 앞서 예로 든 4개 기업은 사업 운영 방침이 '무차입 경영'이라고 할 수 있을 정도로 부채 비율이 낮아서 ROE로만 평가해도

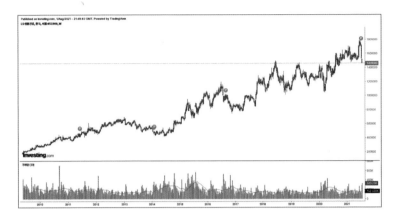

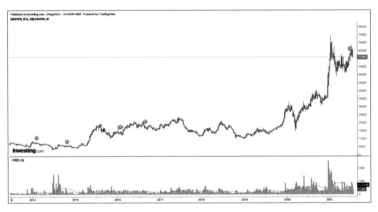

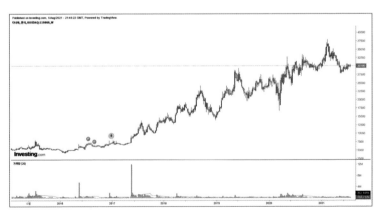

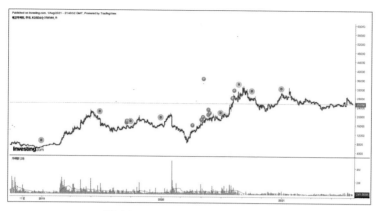

LG생활건강, DB하이텍, 다나와, 에코마케팅의 주가 흐름, 출처: 인베스팅닷컴

문제가 없습니다. 하지만 그렇지 않은 사례도 있습니다.

아시아나항공(020560)은 2017년 ROE가 24.72%로 매우 높았지만 부채 비율이 500%가 넘는 상황이었습니다. 결국 미중 무역 분쟁, 한일 무역 분쟁, 코로나19 등의 위기를 버티지 못하고 대한항공에 매각되는 신세가 되었죠. 이 외에도 ROE를 높이기 위해 순이익보다 많은 배당금을 지급하거나 자사주를 매입하는 경우도 있습니다. 그러므로 ROE만 보고 투자 판단을 내려선 안 되고, 늘 PER이나 배당률 등의 지표와 함께 살펴야 합니다.

ROE의 단점을 보완하는 지표도 있긴 합니다. 부채 ^{Leverage, 레버리지} 의 위험성을 파악하기 위해 ROA를 활용하는 투자자도 있습니다. ROA는 ROE를 구하는 공식에서 '자기 자본'을 '총자산'으로 바꾼 것으로, 이 '총자산'에 부채가 포함됩니다.

$$총자산\ 이익률^{ROA} = \frac{당기순이익}{총자산} \times 100(\%)$$

앞에서 언급된 기업들의 ROE와 ROA를 한번 볼까요? (편의상 % 표기는 생략하겠습니다.) ROE가 꾸준히 높았던 2개 기업 먼저 보죠. LG생활건강의 2018년 ROE는 20.98, ROA는 13.77입니다. 2019년 ROE는 20.32, ROA는 13.39였고, 2020년 ROE는 17.92, ROA는 12.23입니다. 부채 비율이 낮게 유지되는 기업이기에 ROE와 ROA 의 차이가 크지 않습니다. DB하이텍 역시 ROE와 ROA가 각각 2018년 17.12와 8.43, 2019년 17.39와 9.71, 2020년 23.07과 14.64 로 두 지표가 비슷하고, 방향성도 일정한 편입니다. 반면에 2017년 의 아시아나항공은 ROE는 24.72였지만 ROA는 3.11로 높은 부채 비율에 의해 ROE가 ROA에 비해 8배나 높은 것을 확인할 수 있습 니다.

지금까지 다양한 투자 지표에 대해 알아보았습니다. 단순히 매 출과 영업 이익, 순이익이라는 회계상의 숫자만 봐서는 안 된다 는 것을 알 수 있었을 것입니다. 순이익 대비 시가총액이 어느 정 도 수준인지(PER, 포워드 PER), 현금 창출 능력은 얼마나 되는지(EV/ EBITDA), 순이익을 얼마나 투자자에게 나누어주는지(배당률과 배당 성향), 주식 시장에서 자사주를 얼마나 매입하고 소각하는지(총 주주 환원율), 기업이 돈을 얼마나 효율적으로 사용하는지(ROE, ROA)를 비교할 수 있어야 합니다. 이를 통해 내가 원하는 투자처를 찾아낼 수 있다면 주식 초보는 졸업했다고 볼 수 있겠죠.

다만, 거듭 말하지만 이런 투자 지표가 수익률을 절대적으로 결정하는 것은 아닙니다. 당장은 돈을 벌지 못하는 기업이어도 중요한 기술을 보유해 언젠가 엄청난 이익이 발생할 수도 있습니다. 우리나라의 셀트리온이나, 타미플루를 개발한 미국의 길리어드 사이언스 Gilead Sciences Inc., 코로나19 이후 mRNA백신을 개발한 모더나 Moderna, Inc. 같은 기업들은 재무적인 지표만 보고 투자를 결정하기 참 어렵습니다.

결과적으로 투자 성공을 보장하는 공식은 없지만, 그럼에도 투자 지표 분석은 반드시 필요합니다. 지표에 대해 모르고 투자를 하는 것은 사칙연산에 대한 지식이 없는 상태로 미분과 적분에 도전하는 것이나 마찬가지입니다. 지표들의 원리를 제대로 숙지한 뒤 투자하면, 적어도 손해는 보지 않을 수 있다고 감히 말씀드릴 수 있습니다.

Part 3에서는 주식 시장에 꽤 오랜 기간 참여하면 경험할 수 있는 몇 가지 이벤트에 대해서 살펴보겠습니다. 같은 이벤트를 두고도 어떤 사람은 '호재'라고 평가하는 반면에 어떤 사람은 '악재'라고 평가하기도 하죠. 왜 이런 해석이 뒤따르는지, 그리고 어떤 기준으로 접근하면 조금 더 쉽게 시장을 이해할 수 있는지 알아보겠습니다.

Part 3

자산 시장의 시스템

— 01 —

IPO:
공모주가 늘어난 이유

코로나19 사태 이후 많은 투자자들이 'IPO'라는 단어를 자주 접하게 되었습니다. IPO란, Initial Public Offering의 약자로 아직까지 상장하지 않은 기업이 주식 시장에 첫발을 내딛는 절차를 말합니다. 앞서 기업은 주식을 발행해 투자자들에게 판매한 금액으로 사업을 영위할 수 있다고 했습니다. 주식회사이기에 회사의 운영권을 쪼개어 주식으로 발행하고, 주식을 매수한 주주들은 회사에 일정한 권리를 매수함으로써 주주총회 등의 회의에서 본인의 권리를 행사할 수 있는 것이죠.

초기 주식회사의 경우 보통은 주변 지인 혹은 전문 투자자에게만 비공개로 주식을 발행해 자금을 모집합니다. 그러다 기업이 일정 규모에 이르면 비로소 공개 시장이라고 부르는 더 큰 시장에서 대중들의 자금을 모을 수 있습니다. 이를 위해 기업의 내부 사정을 공개하는 IPO를 진행하는 것입니다. 비상장 기업이 공개적으로 대량의 주식을 발행하고 불특정 다수의 투자자들에게 기업의 주식을 판매하는 과정이 바로 최근 인기가 많아진 공모주 청약입니다. 이를 통해 기업은 대규모 사업 자금을 모집하고, 상장 전에 투자한 초기 투자자들은 기업이 성장하기 전에 투자했던 지분을 현재 가치로 시장에 매각해 상당한 차익을 실현할 수도 있습니다. 일반 투자자 입장에서도 한창 성장하는 기업에 투자할 수 있는 좋은 기회죠.

상장 초기 가격

그런데 코로나19 이후 많은 전문가들이 기업의 초기 상장 가격에 의문을 표시하기도 합니다. 일반적으로 주식 시장은 투자를 받기 위한 기업과 투자를 하기 위한 투자자가 공개적으로 만나는 시장입니다. 하지만 코로나19로 전 세계 정부가 엄청난 지원금을 은행, 기업, 개인에게 뿌리고 있는 상황이 1년 이상 지속되면서 기존 투자자들과 신규 투자자들에게 엄청난 투자금이 생겼습니다. 정부가 코로나19로 인한 경제 위기를 극복하기 위해 푼 엄청난 자금과 늘어난 투자 수요를 바탕으로, 코로나19 이전 시가총액이 1,000억~2,000억 원 수준이던 기업이 코로나19 이후에는 5,000억 원 혹은 1조 원에 거래되는 상황입니다. 심지어 신규 상장 기업들도 높은 공모가를 자랑하며 몸값이 비싸지고 있죠. 더욱 우려스러운 점은 신규 상장 기업의 공모가가 높아지니 초기 기업임에도 주가가 높은 것이 당연하게 여겨진다는 것입니다. 코로나19가 진정되고 정부의 지원 정책이 종료되는 시점부터 투자 수요가 감소하면, 너무 높게 평가된 주가에서 큰 폭의 하락이 발생할 수 있습니다. 실제로 2021년 10월부터 국내 주식이 폭락하면서 이 같은 우려가 확대되는 상황이기도 하죠.

물론 코로나19 이후의 IPO 랠리를 '호재'로 인식할 수도 있습니다. 안정적인 사업을 영위하면서 전문 투자자들을 통해 비상장 시장에서 투자금을 받고 기업을 성장시킨 알짜기업들이 주식 시장에 공개되어 투자자들의 선택지가 늘었기 때문입니다. 대표적으로 2020년 상장한 하이브(구 빅히트엔터테인먼트)나 카카오게임즈 등은 투자계에서 이미 알짜기업으로 통하던 기업들입니다. 2021년 상반기에 상장한 SK바이오사이언스와 SK아이이테크놀로지, 선진뷰티사이언스, 샘씨엔에스, 엘비루셈 등도 투자자들이 관계사를 통해서 익히 알던 경쟁력 있는 기업이죠. 만약 시장의 투자 수요가 낮았다면 전문 투자자들을 대상으로 하는 비상장 시장에서 지금보단 낮은 몸값으로 투자를 받고 사업을 키웠을 것입니다. 그런데 요즘 개인 투자 수요가 증가하면서 상장을 준비하는 기업이 원하는 몸값, 혹은 그 이상의 가격으로 IPO를 진행할 수 있는 분위기가 형성되면서 주식 공개가 활발해진 것입니다.

이렇듯 IPO는 기업이 대중에게 신규 주식을 공개하고 투자금을 모집하는 과정으로, 시장의 투자 수요가 증가하는 시기에 집중적으로 이루어지는 편입니다. 일부 투자자와 경제학자들은 IPO가 급증하는 시기가 주가의 고점이라고 이야기할 만큼, 많은 기업들이 시장이 과열되는 시점에 IPO를 준비하는 것도 사실이죠. 그렇기에 공모주 열풍 이후 신규 상장 주식에 투자할 때는 주의해야 합니다. 코로나19 이후 'IPO는 대박'이라는 공식 아닌 공식이 시장에 떠도는데 신규 상장 가격이 적당한지, 향후 성장성은 얼마나 되는지 반드시 분석하고 접근해야 합니다.

─ 02 ─
유상증자:
호재일까, 악재일까?

다음으로 알아볼 내용은 유상증자와 무상증자입니다. 앞서 기업은 IPO를 통해 신규 주식을 발행하고 투자금을 모집할 수 있다고 했죠. 하지만 IPO를 한 뒤에도 사업을 운영하다 보면 추가 사업 자금이 필요해집니다. 사업 확장 과정에서 공장 증설이나 유망 기업 M&A 등의 과정이 필연적으로 이어지는데, 이미 IPO를 진행한 기업은 어떻게 추가 자금을 모집할까요? 돈이 필요할 때마다 IPO를 반복할 수는 없는데 말이죠. 이럴 때 대신 활용할 수 있는 시스템이 바로 '유상증자'입니다.

IPO는 불특정 다수의 투자자를 '공개 모집(공모)'하는 절차라면 유상증자는 '특정' 대상으로부터 투자금을 모집하는 절차로 볼 수 있습니다. 시장에서 가장 흔히 사용되는 방법은 제3자 배정 유상증자와 주주 배정 유상증자입니다. 먼저 제3자 배정 유상증자는 특정 인물에게 신규 주식을 발행하고 투자금을 받는 것을 말합니다. 대부분 대주주 혹은 대주주의 지인이나 특수 관계에 있는 집단이 투자금을 내는 방식입니다. 이때 발행된 신규 주식은 대부분 1년 이상의 '의무 보유 기간'이 부여되는데요, 여기에 참여하는 제3자의 투자 목적이 무엇인가에 따라 이벤트가 '호재'로 작용하기도 하고 '악재'로 작용하기도 합니다.

제3자 배정 유상증자

기업 운영에 문제가 있어 대주주가 대출 등의 수단을 동원해서 유상증자에 참여하면, 이후 회사의 경영이 정상화되었을 때 추가로 배정받았던 지분을 시장에 매각할 수 있기에 잠재적 악재로 작용할 수 있습니다. 혹은 '사모펀드' 등의 재무적 투자자가 기업의 어려운 사정을 듣고 지분 투자를 한다면 이 또한 향후 정상화 과정에서 시장에 쏟아져 나올 수 있는 물량이므로 잠재적 악재가 될 확률이 높죠. 이런 경우 시장 투자자들은 이 기업 주식에 장기 투자해 높은 수익률을 기대하기보다는, 유상증자 참여자의 매도 시점을 고려하면서 단기 차익을 거두기 위한 전략을 선택할 확률이 높습니다.

반면에 '기업 인수'를 목적으로 새로운 대주주가 될 투자자가 제

3자 배정 유상증지로 참여하는 경우도 있습니다. **우회상장**[51]을 목적으로 투자를 집행하는 경우도 있고, 현재의 대주주가 기업을 매각하는 과정에서 관련 기업이 사업을 확장하기 위해 투자를 집행하기도 하죠. 어쨌든 새로운 투자자가 대량의 투자금을 쏟는 점은 기업의 성장성을 높게 평가하는 것이기에, 시장 참여자들이 이를 '호재'로 인식하고 주식을 매수하거나 보유하는 선택을 할 가능성이 높아집니다.

주주 배정 유상증자

한편, 주주 배정 유상증자는 어떨까요? 유상증자를 할 때 성장하기 위한 시설의 증설 자금 혹은 M&A 등에 투자하려고 대주주 혹은 대주주의 특수관계인이 유상증자에 참여하는 경우도 있지 않을까 생각하는 분이 계실 겁니다. 이런 투자는 대주주가 무리해서 혼자 신규 투자금을 집행하기보다는 '주주배정 유상증자'를 통해 투자금을 모집하는 경우가 많습니다. 단, 주주배정 유상증자의 경우 고려해야 하는 상황이 많아서 매수나 매도 결정을 할 때 신중을 기할 필요가 있습니다.

우선 현재의 주가와 유상증자로 발행되는 신주의 가격 차이에

---

51) 비상장 기업이 상장 기업과의 인수, 합병을 통해 증권 시장에 진입하는 것.

대한 고민이 있을 수 있습니다. 신규 투자 자금을 모집할 때는 대개 현재 주가에서 일정한 할인율을 적용해 신주 가격을 정합니다. 예를 들어 현재 주가가 5만 원이라면 유상증자 가격은 현재 주가에서 20%가 할인된 4만 원으로 책정될 수 있죠. 기업의 미래 성장성이 확실하다면 5만 원에 주식을 산 투자자가 4만 원의 신주도 살 가능성이 높고, 장기 투자를 이어갈 수도 있습니다. 하지만 기업의 미래 성장성이 불투명하고 현재 주가가 고평가되었다면, 유상증자가 발표된 당일 주식을 매도할 가능성이 높습니다. 또는 유상증자 권리락(유상증자에 참여할 수 있는 주주 명부를 폐쇄하는 날)까지만 주식을 보유하고 이후에는 신규 주식에 대한 권리만 받고 기존 주식을 매도하겠죠. 기존 주주들은 현재가보다 할인된 신규 주식을 시장 가격보다 20% 추가 할인된 가격으로 매수할 수 있으므로 신주 발행과 동시에 약간의 시세 차익만을 얻고 시장에 전량 매도할 수도 있습니다. 결국 주주 배정 유상증자는 기업의 상황과 유상증자 목적에 따라 호재인가 악재인가에 대한 시장의 해석이 달라질 수 있습니다. 이러한 점에서 개인 투자자들이 어려워하는 시장 시스템이라고 볼 수 있습니다.

사례1: 엘앤에프 vs. 한화솔루션

실제로 2021년에 주주 배정 유상증자를 발표한 기업들 중 똑같이

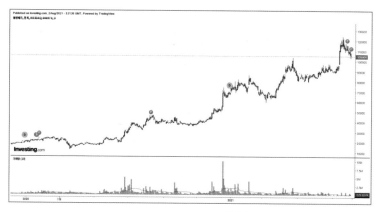

엘앤에프 주가 흐름, 출처: 인베스팅닷컴

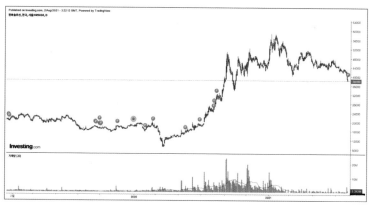

한화솔루션 주가 흐름, 출처: 인베스팅닷컴

'시설의 증설 자금' 혹은 'M&A' 목적이라고 발표했으나 주가 흐름은 극명하게 갈린 사례가 있습니다. 바로 엘앤에프(066970)와 한화솔루션(009830)입니다. 두 기업 모두 시가총액이 조 단위가 넘고 글로벌 유통망을 보유한 우량 기업입니다. 하지만 '생산 시설의 증설'을 발표한 엘앤에프의 주가는 유상증자를 발표한 이후 더 상승한 반면, '미국 테크기업 M&A'를 발표한 한화솔루션의 주가는 힘없이 하락하는 모습을 보여주었습니다.

두 기업의 이러한 차이는 미래 성장성에 대한 시장의 평가에서 발생했다고 볼 수 있습니다. 엘앤에프는 전기차의 핵심 부품인 '2차전지의 양극재'를 생산하는 기업으로 빠르게 증가하는 전기차 수요에 맞추기 위한 증설을 한다고 발표했죠. 심지어 엘앤에프는 2020년 이후 이미 세 번의 유상증자를 발표했음에도, 모든 유상증자 발표 시점에 폭발적인 주가 상승을 보였습니다. 그만큼 2차전지 시장에 대한 투자자들의 기대감이 높다고 볼 수 있죠. 반면에 한화솔루션은 미국 나사NASA에서 스핀오프한 수소탱크 제조 기업을 인수합병한다고 밝혔습니다. 역시 미래 사업을 위한 투자로 인식할 수 있는 결정이었습니다. 다만 수소 인프라는 아직 대중화에 근접한 단계는 아니라는 투자자들의 인식이 강했습니다. 게다가 기존의 태양광 사업의 실적 악화, 배당금 축소 등의 악재가 겹쳐 결국 주가가 우하향하는 결과가 나타났죠.

이렇듯 비슷한 목적의 유상증자라고 하더라도 시장 참여자들의 해석에 따라 호재로 작용할 수도 있고 악재로 작용할 수도 있습니다. 이런 점이 유상증자 소식에 어떻게 반응해야 할지 판단하기 어렵게 만들죠. 그래도 방법은 있습니다. 유상증자 소식이 있을 때 가장 중요한 투자 자세는 최초 매수 당시 목표를 떠올리면서 대응하는 것입니다. 유상증자 이전에 예상했던 실적이나 성장성이 유상증자 전후로 변한다면, 그것이 내가 처음 판단한 것보다 긍정적인 변화일지 부정적인 변화일지를 보고 투자 지속 여부를 결정해야 합니다. 실제로 엘앤에프의 경우 유상증자 결정 이후 많은 전문가들이 예상보다 빠른 성장이 기대된다고 의견을 밝혔습니다. 그러나 한화솔루션의 M&A는 신규 사업 진출임에도 당장의 실적 증가는 어려울 수 있다는 의견이 많았고 이런 분석이 주가에 반영되었다고 볼 수 있습니다.

사례2: GS건설

주주 배정 유상증자 시 일반 투자자를 당황하게 하는 악재도 존재합니다. '주주 배정'이기에 기존의 대주주와 소액주주 모두가 본인들이 보유한 주식의 비율만큼 추가 투자금을 납입합니다. 여기에 동의하지 않는 소액주주는 유상증자에 참여하지 않거나 권리가 발생하기 전에 주식을 매도하면 그만이죠. 하지만 중요한 의사 결정을 하는 대주주가 유상증자에 참여하지 않는 것은 문제가 됩니다. 그런데 대주주가 유상증자에 100% 참여하지 못하는(혹은 안 하는) 경우가 생각보다 많습니다.

실제로 2021년 2월 GS건설의 자회사인 자이에스앤디는 기존 발행 주식 수(2,678만 2,520주)의 약 45%에 이르는 1,200만 주를 신주로 발행하는 1,100억 원 규모의 유상증자를 진행했습니다. 유

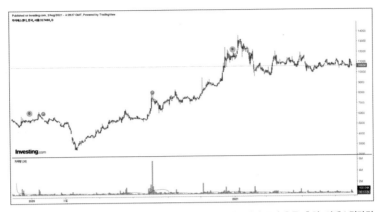

상증자 전에 자이에스앤디의 대주주인 GS건설이 가진 지분은 약 61%였고 계산대로라면 GS건설은 1,100억 원의 61%인 670억 원 규모의 투자금을 납입해야 했습니다. 하지만 실제로 투자한 금액은 670억 원의 1/2에도 미치지 못하는 규모인 292억 원이었습니다. 대주주가 청약하지 않은 378억 원은 실권주(신주 인수 대금의 미납입으로 유상증자 참여 권리가 사라진 주식)로 분류되어 일반 투자자들의 신규 공모로 채워졌습니다. 당연하게도 투자자들은 GS건설의 이런 결정에 당황했고 실제 유상증자가 이루어진 2021년 5월에는 10% 넘는 하락이 발생하기도 했습니다.

대주주라고 해서 자금이 무한한 것은 아니기에 100% 유상증자가 불가능할 수 있습니다. 하지만 유상증자를 결정한 것 역시 대주주이기에 피치 못할 사정이 없다면 대주주의 일부 참여 혹은 미참여는 투자자들의 투자 심리에 악영향을 미칠 수밖에 없죠. 특히 이런 현상은 매출이 발생하지 않는 기업에서 자주 목격할 수 있습니다. 보통 IPO로 모집한 자금이 바닥날 때쯤 유상증자로 추가 자금을 모집하는 경우가 많습니다. 돈이 떨어진 시점에 유상증자를 하므로 대주주가 본인의 지분율만큼의 증자 참여가 어려운 경우가 많습니다. 사실 돈이 충분히 많다면 매출 발생 전에 굳이 증자를 하지 않겠죠. 그러다 보니 유상증자에 대주주가 참여하지 못하고 이것이 악재가 되어 주가가 급락하는 것입니다. 특히 개인 투자자가 많이 찾는 신약 개발 등을 수행하는 바이오 기업에서 이런 사례가 많이 보입니다. 상장한 지 5~10년 차에 접어든 기업들의 주주 구성을 보면, 대주주 지분이 20% 미만인 경우를 종종 발견할 수 있습니다. IPO 초기에는 50%가 넘는 지분을 보유하고 있었지만 여러 번의 유상증자 과정에서 추가 자금 투입이 어려워지면서 '지분 희석'이 발생한 것이죠. 이런 기업들은 추가 유상증자에도 어려움을 겪을 수 있고, 경영권 역시 불안해질 수 있기에 반드시 투자 전 기업의 재무상황과 대주주의 지분율을 확인해야 합니다.

결국 유상증자는 기업이 사업을 진행하는 과정에서 신규 투자금을 모집하는 행위이고 개인 투자자는 해당 투자의 목적과 유상증자 전후 변화하는 포인트를 분석하고 시장 변화에 대응해야 합니다. 특히 유상증자의 경우 금융감독원 전자공시에서 증자의 목적을 봐야 합니다. '시설 자금', '영업 양수 자금', '운영 자금', '채무 상환 자금', '타법인 증권 취득 자금', '기타 자금'으로 구분되어 발표되므로 사용의 목적을 쉽게 확인할 수 있습니다. 또 발행 가격과 발행가 산정 기준도 자세히 나와있으니 공시 자료만 봐도 기본적인 증자 성격은 파악할 수 있습니다. 물론 결과적으로 호재가 될지 악재가 될지는 시장 참여자들의 해석에 의해 결정되므로, 정보를 충분히 검색하면서 스스로가 호재와 악재를 구분할 수 있는 혜안을 갖는 것이 중요합니다.

— 03 —

전환사채:
주의할 이벤트

전환사채^{CB, Convertible Bond}란 회사가 자금을 조달하려고 발행한 회사채이지만, 일정 기간 후에 소유자의 청구에 의해 주식으로 전환할 수 있는 채권을 말합니다. 대규모 투자금을 회사의 미래 주식과 교환하는 것인데요, '숨은 악재'가 될 가능성이 높은 이벤트입니다. 재무제표에서 쉽게 확인되지 않지만, 어느 날 저가의 신주로 발행되어 '악성 매물'이 될 가능성이 있죠. 그래도 기업 입장에서는 쉽고 빠르게 자본을 조달할 수 있고, 투자자 입장에서도 주가 차익을 노릴 수 있다는 점에서 매력적인 투자 상품으로 볼 수 있습니다. 그렇다면 투자자 관점에서 전환사채와 관련해 어떤 점을 고려해야 하는 걸까요?

먼저 유상증자와 마찬가지로 기업 입장에서 전환사채를 발행하는 목적을 살펴야 합니다. 시설 자금, 영업 양수 자금, 운영 자금, 채무 상환 자금, 타법인 증권 취득 자금, 기타 자금 등 기업의 운영 혹은 확장에 꼭 필요한 돈인지, 채무 상환 등을 목적으로 투자금을 모집하는 것인지 가장 먼저 확인해야 합니다. 그 다음으로 이자율과 발행 대상자, 주식 총수 대비 비율, 전환 청구 기간, 전환가액, 최저조정가액, 희석 주당 이익을 반드시 확인해야 하는데요, 이에 대해 하나씩 살펴보겠습니다.

이자율

첫 번째로 이자율입니다. 전환사채의 장점은 기업의 주가가 상승하면 주식으로 교환해 시세 차익을 노릴 수 있고, 주가가 하락하면 신주로 교환하지 않고 이자와 원금을 받아갈 수 있는 것입니다. 이자와 주가 차익을 동시에 노릴 수 있어 매력적이고, 회사가 망하지 않는 한 수익이 나는 상품이죠. 그런 측면에서 이자는 전환사채 투자자가 보장받을 수 있는 최소한의 이익이고, 최소 이자율은 투자 원금에 대한 최소한의 수익률로 볼 수 있습니다.

간혹 이자율이 0% 혹은 시중금리보다 낮은 전환사채인데도 수요가 폭발할 때가 있습니다. 이는 그 기업의 성장에 대한 기대감이 그만큼 크다고 해석할 수 있죠. 이럴 때는 전환사채를 주식으로 바꿀 수 있는 기간, 즉 '전환 청구 기간'을 보고 적어도 그때까지는 안

심하면서 투자할 수 있습니다. 하지만 이자율이 그렇게 낮을 때는, 투자자가 채권을 주식으로 바꿀 때 지불하는 가격인 '전환가액'이 현재 주가에 비해 매우 낮아 주식 물량이 많이 풀릴 수 있으니 이 부분을 반드시 확인해야 합니다.[52]

발행 대상

두 번째로 고려해야 할 요소는 발행 대상자입니다. 전환사채는 대부분 금융기관 혹은 대주주와 대주주의 특수관계인이 투자금을 납입하는 경우가 많습니다. 특히 기업의 재무 건전성이 떨어지거나 사업성이 떨어지는 기업에서 전환사채를 '이용'하는 경우가 많습니다. 금융기관 혹은 대주주, 대주주의 특수관계인 기업의 주가가 낮을 때 전환사채를 대량으로 발행하고 편안하게 이자를 받다가, 이후 테마성 급등 혹은 실적 개선으로 인한 주가 상승이 발생하면 전환청구권을 실행해 대량의 매물을 시장에 던지는 것이죠. 그렇기에 전환사채를 두고 잠재적 악재라고 하는 것입니다. 투자 전 재무제표를 살펴보면서 해당 기업의 전환사채 물량은 어느 정도 남아있

---

52) 다만, 2021년 12월부터 개정된 법률에 의하면, CB(전환사채)발행 이후 전환가액 산정의 토대가 된 주식 가치가 변동하는 경우 전환가액 역시 상승한 주가를 반영하도록 바뀌었습니다. 「증권의 발행 및 공시 등에 관한 규정」 개정안 → 주가상승시 전환가액 상향 조정 의무화. (전환가액 조정) 전환가액은 CB를 주식으로 전환 시 전환 비율을 의미하며, 발행 당시 주가 등을 토대로 산정 → CB 발행 이후 전환가액 산정의 토대가 된 주식 가치가 변동하는 경우 전환가액 조정 가능.

는지, 전환가액은 얼마나 되는지, 전환 청구 기간은 언제인지를 반드시 확인해두어야 안전한 투자가 가능합니다.

주식 총수 대비 비율(총 발행 비율)

세 번째는 주식 총수 대비 비율입니다. 전환사채는 결국 회사가 채권(회사채)을 발행해 자금을 빌리고 이후 그것을 상환할 때, 현금이나 주식 중 하나를 (채권자가) 선택해 갖는 것입니다. 그렇다면 잠재적으로 주식으로 풀릴 물량이 얼마나 되는지가 중요하겠죠.

예를 들어 100만 주의 주식을 발행한 기업에서 7만 주의 전환사채 물량이 있다고 가정하면 이것은 주가에 큰 악재가 될 수 있습니다. 왜냐고요? 일반적으로 대주주가 보유한 주식은 거래가 불가능한 주식, 즉 유통 불가능 물량으로 봅니다. 한국 시장은 대주주의 지분율이 평균 33%가량 되므로 이를 제외한 약 70%가량의 주식이 유통 가능 물량이라고 할 수 있습니다. 100만 주 중 70만 주가 유통 가능 물량인데 그중 7만 주가 또 추가되면 유통 물량의 10%가 늘어나는 것과 같죠.

반면에 1억 주의 주식을 발행한 기업에서 7만 주의 전환사채 물량이 있다고 하면 유통 가능 물량 7,000만 주의 1/1,000이므로 약 0.1%의 신규 주식만 시장에 나올 것입니다. 이것은 1일 거래량 수준에도 미치지 못하는 물량이니 크게 신경 쓰지 않아도 괜찮을 것입니다. 게다가 전환사채 물량이 한 번에 모두 주식으로 전환되는 것이 아니라 채권자가 조금씩 나누어 전환 청구를 할 수도 있죠. 결론적으로 시장 유통 물량 대비 발행된 신주의 양이 투자 결정에 영향을 주므로, 그 최대치를 파악해두어야 합니다.

전환 청구 기간

네 번째로 중요한 것은 전환 청구 기간입니다. 전환사채는 대부분 1년이 지난 시점에 전환 청구 권리가 발생합니다. 그렇기에 전환사채가 발행된 당해에는 시장에 큰 영향을 미칠 수 없습니다. 중요한 것은 주식으로 전환할 수 있는 '기간'입니다. 전환사채 전환 청구 기간은 5년에서 10년, 길면 30년 이상의 장기채 혹은 50년 이상의 영구채로도 설정이 가능합니다.

해당 전환사채가 단기채인지 장기채인지 혹은 영구채인지 구분할 필요가 있습니다. 단기채는 1~2년의 단기 시황을 예상하고 투자하는 경우가 많지만, 10년 이상의 장기채 혹은 영구채는 기업의 계속 사업을 위한 목적으로 발행되는 경우가 많죠. 대표적으로 HMM처럼 부도 위기에 놓였던 기업을, 산업은행 등의 구제 목적의 금융이 지원하는 과정에서 영구채 발행이 수반될 수 있습니다.

이러한 전환사채는 안정적인 회사 정상화와 원금 회수, M&A 인수가액 조정을 위해 발행된 것임을 알아두어야 합니다. 이런 목적을 가진 전환사채에 투자하는 주체와 그 목적에 따라서 해당 전환사채가 시장에 언제쯤 유통될지 가늠해보면 새로운 투자 아이디어를 찾을 수도 있습니다.

전환가액, 최저조정가액

다섯 번째로 중요한 확인 사항은 전환가액과 최저조정가액입니다. 개인 투자자들이 중소 상장사에 투자했다가 크게 손해를 입는 경우를 보면, 전환사채의 전환가액과 최저조정가액이 원인일 때가 많습니다. 전환가액은 투자금을 납입할 당시 전후 주가를 기준으로 주식으로 전환할 때의 가격을 미리 결정하는 것입니다. 전환가액은 보통 투자를 실행하는 시기의 주가와 큰 차이를 보이지 않기에 기존 투자자들이 생각하기에 합리적인 수준에서 책정되는 경우가 많습니다. 다만 '최저조정가액'이 자주 문제가 됩니다. 주식은 기업 실적이나 업황, 경제 외적인 상황에 따라 가격이 하루에 최대 30%까지 등락하는 위험 자산입니다. 그렇기에 투자자 입장에서는 안전장치가 필요한데요, 그 안전장치로 주식으로 전환할 수 있는 최저 가격을 계약서에 정해둡니다. 이것이 최저조정가액입니다.

현재 주가가 6,000원이고 전환가액이 5,000원이라고 가정할 때, 최저조정가액이 4,000원 수준이라면 큰 문제가 되지 않습니다. 그런데 가끔 최저조정가액이 '액면가'로 설정되어 500원,

1,000원으로 표기된 전환사채가 있습니다. 이 경우 현재 6,000원인 주가가 1,000원으로 폭락하더라도 전환사채 발행자 입장에서는 손해 볼 것이 없습니다. 500원 또는 1,000원만 주고 주식으로 바꿔 시장에 팔면 폭락 시장에서도 이익을 볼 가능성이 있습니다. 또한 최저조정가액은 인위적인 주가 조정 수단이 되기도 합니다. 대주주 혹은 대주주의 특수관계인이 전환사채에 투자했다고 합시다. 현재 주가는 6,000원이고 대주주 혹은 대주주 특수관계인의 지분율은 20%입니다. 그리고 전환사채는 전체 주식 발행 수의 약 2% 수준으로 투자했습니다. 이때 주가가 1,000원으로 폭락할 경우, 최저조정가액으로 전환사채를 전환하면 9%에 가까운 지분을 싸게 추가할 수 있죠. 이렇게 대주주의 의도에 따라 주가가 하락할 수도 있습니다.

$$시가총액 = 1,000주 \times 6,000원 = 600만\ 원$$
$$전환사채\ 투자금액 = 1,000주 \times 0.02 = 20주 \times 5,000원 = 10만\ 원$$
$$최저조정가액\ 적용\ 시\ 신주\ 발행량 = 10만\ 원 \div 1,000원 = 100주$$

$$\frac{최저조정가액\ 기준}{채권자\ 지분} = \frac{100주}{1,000주 + 100주} = 0.0909 = 9.09\%$$

즉 최저조정가액이 너무 낮게 설정된 전환사채의 투자자는 그 기업 주식이 상장폐지만 되지 않는다면 무조건 수익을 낼 수 있습니다. 반대로 일반 투자자들은 상대적으로 보호받지 못하는 조건으로 계약하는 것이므로 최저조정가액과 전환가액, 그리고 현재 주가의 괴리율을 반드시 확인하는 습관이 필요합니다.

희석주당이익

마지막 필수 확인 사항은 희석주당이익입니다. 희석주당이익이란, 주가 희석 효과가 있는 잠재적 주식(보통주)의 영향을 고려해 이익을 계산하는 것입니다. 즉 현재 발행 주식 수에 대한 이익이 아닌 잠재적 주식이 발행되어 조정된 총 주식 수에 따라 수정될 이익을 계산한 값입니다. 이 개념은 비단 전환사채에만 적용되는 것은 아닙니다. 신주인수권부사채 등 주식 전환 가능 채권 대부분이 해당하죠. 희석주당이익을 계산하는 것은 상당히 복잡한데요, 다행히 재무제표에서 산출된 값을 쉽게 검색해 찾을 수 있습니다.

 표는 HMM의 2021년 1분기 사업보고서에 첨부된 연결재무재표입니다. 매출액과 영업 이익, 당기순이익과 함께 기본주당손익(현재 발행된 주식 수 기준), 희석주당손익(전환사채 및 옵션 물량을 모두 주식으로 발행한 것으로 가정한 기준)이 표기된 것을 확인할 수 있습니다. HMM은 기업 회생 절차 과정에서 산업은행으로부터 대규모 투자를 받았고 해당 투자는 전환사채 발행으로 진행했죠. 아직 주식으로 전환하지 않았기에 장부상 회사채로 인식할 수 있지만 실제로

구분	제46기 1분기 2021. 01. 01~ 2021. 03. 31	제45기 2020. 01. 01~ 2020. 12. 31	제44기 2019. 01. 01~ 2019. 12. 31
매출액	2,428,039	6,413,270	5,513,089
매출원가	1,329,289	5,128,828	5,517,219
매출총이익 (손실)	1,098,750	1,284,442	-4,130
판매비와 관리비	79,461	303,661	295,564
영업이익 (손실)	1,019,289	980,781	-299,694
당기순이익 (손실)	154,060	123,966	-589,835
지배기업 소유주지분	154,072	123,889	-589,927
비지배지분	(12)	77	90
기본주당손익 (단위: 원)	391	103	-2,063
희석주당손익 (단위: 원)	147	72	-2,063
연결에 포함된 회사 수	40개사	42개사	44개사

HMM 연결재무재표, 출처: 전자공시시스템

전환 청구가 이루어질 경우 유통 물량의 100%가 넘는 신주(유통 주식 수 4억 주, 전환사채 미상환 주식 수 5억 주)가 발행될 수 있습니다. 그렇기에 희석주당손익이 기본주당손익의 절반에도 못 미치는 값을 나타낸 것이죠. 주식 시장에서는 다양한 방식으로 주식의 추가 발행이 가능합니다. 결국 숨어있는 주식에 대해서 남들보다 한발 앞서 공부하는 것이 수익률에 직접적인 영향을 미칠 수 있는데요, 이런 숨은 주식을 한 번에 찾을 수 있는 '희석주당손익'을 미리 보는 것은 좋은 성과를 내는 지름길이 될 수 있겠죠.

주식 시장에서 오래 살아남는 방법은 이렇게 주가 하락 가능성을 하나씩 지워가면서, 장기 투자 가치가 있는 기업을 찾는 것입니다. 그리고 장기 투자 가치가 있는 기업은 다음과 같은 질문으로 따져볼 수 있습니다.

> "기업이 스스로의 이익으로 사업을 확장할 수 있는가?"
> "기업이 효율적으로 사업을 영위하고(혹은 매출과 이익을 발생시키고) 있는가?"
> "향후 성장성이 높은가?"

전환사채에 대한 확인은 두 번째 질문을 확인하는 과정이라고도 할 수 있습니다. 물론 사업 확장 과정에서 전환사채를 발행하면 기업은 빠른 성장을, 투자자는 큰 주가 차익을 얻을 수도 있습니다. 다만 전환사채에 대한 올바른 해석이 따르지 않으면 투자 과정에서 큰 손실이 발생할 수도 있다는 것을 기억하시기 바랍니다. 위의 분석 과정이 어렵고 귀찮더라도 반드시 확인해봐야 합니다.

— 04 —

무상증자와 액면분할:
제자리걸음에 유의하자

지금까지 IPO, 유상증자, 채권 발행 등이 투자금을 모집하기 위해 이루어지는 것을 확인했습니다. 그렇다면 단어 뜻 그대로 무상으로 주식을 늘리는 '무상증자'는 투자금을 끌어오는 것도 아닌데 왜 하는 걸까요? 심지어 2020년 코로나19 이후 무상증자를 발표한 기업들이 주가가 큰 폭으로 상승하는 사례가 많아지면서, '무상증자는 떡상의 신호'라는 이상한 공식이 퍼지고 있습니다. 그게 정말일까요? 무상증자라는 이벤트 속성에 대해 알아봅시다.

무상증자

기본적으로 무상증자는 투자자 입장에서 '보너스' 같은 개념입니다. 회사가 이미 벌어들인 수익을 '자본'으로 변환하는 과정에서 기존 주주들에게 일정 비율만큼의 주식을 추가로 지급하는 절차를 의미하죠. 시가총액이 변하는 것도 아니고, 외부에서 새로운 투자금이 들어오는 것도 아닙니다. 그저 회사에 쌓인 현금의 속성이 바뀌는 것이라고 이해하면 됩니다. 예를 들면 내 '예금' 통장에 있던 1억 원의 현금을 '적금' 통장으로 옮기는 것과 유사한 개념입니다.

그런데 이 과정에서 유통 주식 수가 증가하므로, 거래량이 늘면서 주가가 상승할 것이라 해석하는 분들이 많습니다. 주식 시장은 일종의 심리 게임 같은 면이 있기에, '모두가 호재로 인지하면 호재'가 됩니다. 그래서 간혹 무상증자 발표에 따른 주가 상승을 노리고 투자를 하는 사람도 있죠. 다만 무상증자 이슈로 잠시 상승한 종목에 장기 투자하는 것은 주의해야 합니다. 기업가치 자체는 변하지 않았다는 점에서 '제자리로 돌아갈 가능성이 높다'는 점을 인지하고 투자해야 큰 손실을 막을 수 있습니다.

액면분할

'액면분할'도 무상증자와 비슷한 이벤트입니다. 우리나라보다 미국에서 더 자주 발견할 수 있는 액면분할은, 결과적으로 총 발행 주식 수가 증가한다는 점에서 무상증자와의 공통점을 찾을 수 있습니다. 다만 차이는 주식 수를 늘리는 목적이 다르다는 점에 있습니다. 무상증자는 '회사에 쌓인 현금의 계정 이동'을 위해 주식 수를 늘리는 것이고, 액면분할은 기업 주가가 너무 비싸서 거래가 둔화될 때, 거래량 증가를 목적으로 주식을 나누는 것입니다. 둘 다 시가총액의 변화 없이 주식 수가 늘어나는 것은 같지만, 이벤트 발생 전과 후의 거래량에는 차이가 있습니다.

우리나라 대표 기업 삼성전자를 예로 들어보겠습니다. 2000년대 들어 삼성전자는 가전제품 사업과 반도체 사업, 스마트폰 사업을 전 세계로 확장시켰습니다. 그러면서 2000년대 초반 20만~30만 원 수준이었던 삼성전자 주가는, 2017년 말 주당 300만 원까지 치솟았죠. 더는 개인들이 손댈 수 없는 비싼 주식이 된 것입니다. 2017년 근로자 평균 연봉이 3,500만 원 이하였으니 1주당 300만 원짜리 주식은 한 달 월급으로도 살 수 없었습니다. 자연스럽게 거래량이 줄기 시작했는데요, 결국 삼성전자는 1주를 50주로 액면분할하기로 결정합니다. 그 이후 현재까지 삼성전자는 전 국민이 손쉽게 사고파는 '국민주'라는 별칭을 얻게 됩니다. 삼성전자 외에 국내 기업의 액면분할 사례로는 아모레퍼시픽그룹과 네이버, 카카오 정도를 꼽을 수 있습니다.

이렇게 국내에서는 액면분할 사례가 흔치 않은 편인데요, 이런 우리나라와 달리 미국에서는 거의 모든 기업이 한 번 이상 분할을

실시했을 정도로 흔하게 관찰되는 시스템입니다. 그 이유를 생각해 보면 우선 우리나라에선 장기간 사업적으로 성공을 거두면서 꾸준히 주가가 상승한 기업을 찾아보기가 힘들다는 점을 꼽을 수 있습니다. 또 미국 기업들은 주식을 분할하는 목적이 따로 있기 때문이기도 합니다.

미국의 주식분할

미국 기업들은 사업이 잘 풀릴 때 이익의 일부를 활용해 시장에 있는 주식을 매입한 뒤 이를 꾸준히 **소각**[53]합니다. 앞 장에서 잠깐 언급했는데요, 총 발행 주식 수가 10억 주인 기업이 1년에 1억 주씩 자사주를 매입한다고 가정해보겠습니다. 매해 1억 주씩 자사주를 매입해 소각했고, 이를 약 5년간 계속했다고 칩시다. 총 발행 주식 수는 5억 주로 줄어들고, 5년간 기업가치가 동일했다면 결국 1주당 주가는 2배로 상승할 것입니다.

$$10억 주 \times 10만 원(주가)$$
$$= 100조 원$$
$$= 5억 주 \times 20만 원(주가)$$

만약 이후로 4년간 다시 1억 주씩 매입한다면 총 발행 주식 수는 1억 주로 줄겠죠. 9년 만에 총 발행 주식 수의 90%가 자사주 매입을 통해서 소각되는 것입니다. 그 결과 10년 동안 1주 가치는 10배 상승할 것입니다. (회사 시가총액은 일정하게 유지되었다고 가정합니다.) 이렇게 되면 10년 전 해당 주식을 매수한 투자자는 10배의 자산가치 상승을 경험할 것입니다. 세금을 내지 않고도 말이죠. 그러

---

53) 자사주 소각. 자기 회사 주식을 매입해 없애버리는 것을 말한다. 발행 주식 수 감소를 통해 주당 가치를 높여서 주주들에게 이익을 환원해주는 기법이다.

나 무한대로 자사주 매입과 소각을 반복할 수는 없습니다. 방금 예로 든 상황에서 시장에 남은 1억 주를 또 자사주로 매입한다면 시장에 유통되는 주식이 전부 사라질 것입니다. 이런 아이러니를 없애기 위해 **주식분할**[54]을 선택하는 것입니다.

최근에만 해도 대대적인 주식분할을 실시한 미국 기업이 많습니다. 2020년에 애플, 테슬라 등이 분할했고, 2021년에는 엔비디아와 같이 대부분의 투자자가 알고 있는 기업들이 주식분할을 선택했습니다. 특히 애플의 경우 1987년 2:1 분할을 시작으로 2000년 2:1, 2005년 2:1, 2014년 7:1, 2020년에 4:1 분할을 진행했습니다. 단순 계산으로 1987년에 애플 주식 1주를 매수한 투자자라면 그저 주식분할로만 224주를 보유하게 되는 것입니다. 심지어 그동안 애플의 주가가 1987년 1주당 70달러 수준에서 2021년에는 140달러가 되었으니 448배의 주가 상승까지 누릴 수 있죠.

결국 무상증자는 '단기간의 주가 상승'을 목적으로 "보너스 주식을 드릴게요."라는 개념이고, 액면분할(주식분할)은 "가격이 너무 비싸니까 여러 개로 나눌게요."라는 개념으로 이해하면 좋습니다. 두 이벤트의 차이를 이렇게라도 알아두면, 장단기 투자 전략에서 보다 명확한 투자 아이디어를 얻을 수 있을 거라 생각합니다. 참고로

---

54) Split. 한국에서 발행되는 주식에는 대부분 액면가가 표시되어 있어 액면가에 발행 주식 수를 곱하면 자본금이 된다. 하지만 미국 주식은 액면가 없는 무액면 주식으로, 액면가 개념이 없기 때문에 액면분할이 아닌 주식분할이라 표현한다. 국내에도 2011년 액면가 개념을 없애고 지분율만 표시하는 무액면 주식제도가 도입되었지만, 국내 기업이 무액면 주식을 발행하거나 전환한 사례는 아직 없다.

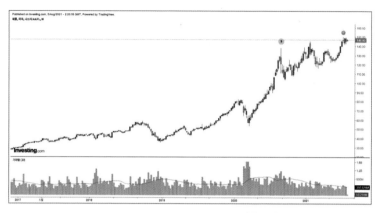

애플 주가 흐름, 출처: 인베스팅닷컴

2가지 이벤트 모두 분할 직전까지 주가가 상승하다가 실제로 주식 수가 늘어나면 한동안 약세를 보이는 경우가 많습니다. 그래서 이런 이벤트를 단기 매매 전략에 활용하기도 합니다. 실제로 2020년 애플과 테슬라가 주식분할을 결정했을 때, 두 기업의 주가는 주식 분할 날짜까지 20~30%가량 단기 상승을 보였습니다. 이후 곧바로 주식분할 발표 전 주가로 회복했죠. 이런 흐름을 보면 한국이나 미국이나 단기 차익을 노리는 투자자는 어디에나 있다는 사실을 알 수 있습니다.

한국 시장과 미국 시장의 가장 큰 차이점은 결국 주주 환원 정책을 얼마나 잘 수행하느냐에 있습니다. 한국은 IMF 경제 위기라는 큰 트라우마가 국민과 기업 모두에 깊이 남아있습니다. 그래서 '안전한 경영'을 위한 현금성 자산을 회사에 쌓아두는 경향이 있습니다. 게다가 기업 경영을 주로 오너 일가가 맡는 한국과, 전문 투자자를 고용해서 회사를 운영하는 미국의 시스템 차이 역시 서로 다른 기업 문화를 만드는 데 한몫합니다.

그러나 코로나19 이후 한국에서도 주주 환원 정책 강화를 선언한 기업이 많아지고 있습니다. 이런 측면에서 앞으로는 국내 주식 시장에서도 무상증자라는 단기 이벤트성 이슈보다는, 액면분할이라는 장기적으로 호재가 될 만한 이슈가 늘 것이라고 생각합니다. 기업에 투자할 때 이렇게 우리나라 시장뿐만 아니라 미국 시장 혹은 중국, 유럽, 일본, 대만, 베트남 시장 등을 모두 관찰하면서 한국 시장이 글로벌 평균을 따라가고 있는지 관찰하다 보면 여기에서도 좋은 투자 아이디어를 찾을 수 있습니다.

— 05 —

무상감자와 상장폐지:
실제로 당하면 치를 떠는 이슈

무상감자

무상증자에 대해 알아보았으니 무상감자에 대한 이야기도 해야겠죠. 많은 초보 투자자들이 걱정하거나 착각하는 이슈가 바로 무상감자입니다. '무상'이니까 좋은 줄 알았다가 한번 당해보고 치를 떠는 시스템이 무상감자입니다. 가까운 사례로 2020년 아시아나항공이 무상감자 이슈로 떠들썩했는데요, 이에 대해 지금부터 자세히 알아볼까요?

'감자'는 자본을 감소시키는 것입니다. 회사 운영이 어려워서 자본금으로 납입되었던 돈을 현금으로 빼서 사용하는 행위를 말합니다. 자본금(투자금) 대신 발행한 주식을 '삭제'한다는 점에서 '무상

기업실적분석	최근 연간 실적			
주요재무정보	2018.12	2019.12	2020.12	2021.12(E)
	IFRS 연결	IFRS 연결	IFRS 연결	IFRS 연결
매출액(억원)	71,834	68,868	38,953	41,117
영업이익(억원)	282	-4,357	-2,764	-623
당기순이익(억원)	-1,959	-8,179	-5,030	-5,807
영업이익률(%)	0.39	-6.33	-7.09	-1.52
순이익률(%)	-2.73	-11.88	-12.91	-14.12
ROE(%)	-18.98	-90.67	-43.83	-59.34
부채비율(%)	649.28	1,386.69	1,171.55	
당좌비율(%)	36.75	29.29	29.32	
유보율(%)	-5.98	-26.39	183.98	

기업실적분석	최근 연간 실적			
주요재무정보	2018.12	2019.12	2020.12	2021.12(E)
	IFRS 연결	IFRS 연결	IFRS 연결	IFRS 연결
매출액(억원)	52,651	73,497	68,603	68,420
영업이익(억원)	-4,093	-6,166	-10,541	-8,075
당기순이익(억원)	-3,882	-13,154	-14,927	-9,233
영업이익률(%)	-7.77	-8.39	-15.37	-11.80
순이익률(%)	-7.37	-17.90	-21.76	-13.49
ROE(%)	-6.19	-21.88	-33.05	-26.33
부채비율(%)	111.72	159.10	247.54	
당좌비율(%)	43.36	28.91	35.93	
유보율(%)	145.91	104.71	57.72	

아시아나항공과 삼성중공업의 재무제표, 출처: 네이버금융

증자'와 반대되는 이벤트로 볼 수 있죠. 투자자 입장에서 무상감자의 의미는 쉽게 말해, 내가 보유한 주식 수가 10개였는데 어느 날 갑자기 5개로 줄어드는 것입니다. 그러니 그 자체만으로도 악재로 작용할 가능성이 큰데요, 거기에 더해 정상적으로 잘 운영되는 회사였다면 애초에 감자의 필요성이 없기 때문에 무상감자를 하는 기업의 주가는 속된 말로 '나락'으로 떨어지기 마련입니다. 대부분 극한의 상황에 처한 기업이 '부도'를 면하기 위해 실시하는 절차가 무상감자인 것이죠. 2008년 글로벌 금융 위기가 발생한 이후 건설, 조선, 해운업계에서 많이 실시한 전력이 있습니다. 그나마 다행이라면 무상감자는 사전에 어느 정도 예측이 가능합니다.

　기업 재무재표에는 유보율이라는 항목이 있습니다. 유보율이란 영업 활동에서 생긴 이익 잉여금과 영업 활동 이외의 특수 거래에

서 생긴 자본 잉여금을 합친 잉여 현금을 자본금으로 나눈 비율입니다. 회사가 당장 동원할 수 있는 현금성 자산이 자본금에 비해 얼마나 많은지 쉽게 확인할 수 있는 지표입니다. 사진에서 왼쪽은 2020년 무상감자를 결정한 아시아나항공(020560)의 재무제표이고, 오른쪽은 2021년 무상감자를 결정한 삼성중공업(010140)의 재무제표입니다. 두 기업의 유보율을 보면 무상감자 전까지 점점 감소하는 것을 알 수 있죠. 쉽게 말해 회사의 '손실이 누적되면서 잉여 현금이 말라가는 상황'인 것입니다.

회사가 돈이 필요할 때 사용할 수 있는 수단에는 몇 가지 방법이 있습니다. 앞에서 알아본 전환사채나 유상증자 등입니다. 하지만 이런 수단이 투자자들의 호응을 얻지 못하면 오히려 악수가 될 수 있습니다. 전환사채에서 지나치게 '높은 이자율'을 지급하거나 '주가 하락을 각오하고 엄청난 할인율을 적용한 유상증자'를 진행해야 하죠. 대주주가 자본을 납입하는 제3자 배정 유상증자가 아닌 이상, 자칫하다 회사 주가 하락을 방어하지 못할 수 있습니다. 망할 기업에 투자할 투자자는 없기 때문에 회사채를 발행해도 부실 채권으로 분류되어 엄청난 이자 부담을 질 수도 있습니다. 그렇기 때문에 차라리 무상감자라는 악재를 스스로 선택하는 편이 더 나은 것입니다. 자본을 감액하는 과정에서 투자자들은 엄청난 손실을 입겠지만 말이죠.

HMM 시 27,150 고 28,350 저 25,000 종 25,050 ▼ 1,850 -6.88% 거 20,878,179

이동평균 5 20 60 120 Bollinger Band (20,5)

Linear ⌄

571,476

476,230

380,984

285,738

190,492

95,246

25,050

-95,246

▼최고 352,617 (-92.90%)

최저 20 (1081.60%)▲

HMM의 주가 흐름, 출처: 네이버 금융

상장폐지

결국 무상감자는 회사 정상화를 위해 온갖 수단을 동원해 보고 그래도 안될 때 마지막으로 쓰는 카드입니다. 상장폐지를 막기 위한 최후의 보루인 것인데, 그렇다면 최악의 결말인 '상장폐지'는 어떤 경우에 벌어질까요?

상장기업이 상장을 유지하기 위해서는 정상적으로 기업 활동을 영위해야 합니다. 여기에서 기업 활동이란 도덕적이고 합법적으로 하는 투명한 경영을 의미합니다. 상장사는 회사의 지분(권리)을 대중에게 판매하고 투자를 받았기 때문에 기업의 중요한 결정을 공시할 의무가 있습니다. 많은 투자자들의 돈으로 기업을 운영하므로

190

투명하고 공정한 경영이 필요하죠. 그런데 다음과 같은 상황이 벌어지면, 상장사의 의무를 저버린 것이라 할 수 있습니다. 사업보고서를 제출하지 않거나, 회계감사에서 재무제표의 부정이 발견되는 경우, 사업을 계속 영위할 수 없는 부도·파산 등이 발생하거나, 기업 가치가 50억 원 미만이 되는 경우 등인데, 이럴 경우 상장이 폐지되는 것입니다.

사유는 다양하지만 대부분의 상장폐지 사유는 결국 '사업 수행이 힘들거나 투자 가치가 훼손된 것'입니다. 그래서 상장폐지 전에 이미 안 좋은 소문들이 흘러나오죠. 예전에는 개인 투자자들이 이런 내부 정보를 미리 알기 어려웠지만, 최근에는 유튜브 등 정보 채널이 다양해지면서 수월하게 그 기업이 정상적인지 아닌지를 확인할 수 있습니다. 그러니 단기적인 주가 차익만 보면서 투자하지 말고, 정상적으로 사업을 영위하고 있는지, 매출은 제대로 발생하는 기업인지, 무상감자 혹은 상장폐지와 같이 큰 피해가 발생할 가능성은 없는지 확인한 후에 투자를 결정하시기 바랍니다.

주식 시장은 자본과 자본의 눈치 싸움이 매일 일어나는 곳입니다. 이러한 눈치 싸움에 대해 조언하는 명언들이 참 많습니다. 그러나 이제 막 투자를 시작하는 입장에서 명언을 곧이곧대로 적용하기는 어렵습니다. 어떤 명언 또는 전략이 나에게 맞는지 구분하고, 취할 건 취하고 버릴 건 버리면서 자신만의 투자 철학을 만들어가길 바라는 마음으로 Part 4를 구성했습니다. "이런 이슈는 이렇게 해석하면 조금 더 안전하구나." 정도로 생각해주시면 좋겠습니다.

Part 4

투자의 격언

01

소문에 사서
뉴스에 팔아라

매수, 매도 타이밍을 결정할 때 가장 많이 떠올리는 격언이 "소문에 사서 뉴스에 팔아라."일 것입니다. 그 의미를 한번 뜯어볼까요? "소문에 사라."라는 말은 '상승이 발생할 가능성'을 발견했을 때를 의미합니다. "뉴스에 팔아라."라는 의미는 '가능성이 실현 혹은 공개'되었을 때를 말합니다. 예를 들어 A기업이 임상 시험을 진행하고 있습니다. 임상 결과가 나올 때쯤 주가가 가파른 각도로 상승하는 경우가 많습니다. 딱히 임상 시험의 성공을 예상해서 주가가 상승하는 것이 아닙니다. 임상 시험 결과가 나올 것이라는 소문에 주가가 미리 상승하는 것이죠. 이후 임상 시험 결과가 실제로 발표되면 성공이든 실패든 주가는 하락하는 일이 많습니다. 임상 시험이 실적으로 바로 연결되는 것은 아니어서 뉴스가 나오자마자 투자자들이 매도하는 것이죠.

공장 증설이나 배당 증가, 합병, **어닝 서프라이즈**[55] 등 여러 호재 뉴스 역시 마찬가지입니다. 이런 호재 발표 직전에 주가가 이미 올랐다면, 대부분 결과 발표와 함께 차익 실현이라는 이유로 주가가 떨어집니다. 주식 시장에 참여하면서 제일 많이 신경 써야 하는 부분이 바로 이것입니다. 내가 아는 정보를 얼마나 많은 사람이 알고 있는지 '출처'와 '차트'를 통해 확인하는 습관입니다. 고점에 매수하는 실수는 대부분 장기 차트를 확인하지 않았기 때문에 벌어집니다. 이미 높은 가격인 줄 모르고 들어왔다가 손절하지 못하는 것이죠. 매분 매초 수익률 게임이 진행되는 주식 시장에서는, 좋은 기업인지 나쁜 기업인지 구분하는 것만큼 좋은 가격인지 나쁜 가격인지 구분하는 것도 중요합니다.

삼성전자의 사례

많은 개인 투자자들이 2020년 12월 당시 삼성전자의 '떡상 랠리'를 보고 매수에 들어갔습니다. '특별 배당의 지급', '실적 기대감', '한국을 대표하는 기업', '세계 2위의 **파운드리**[56] 기업' 등등 삼성전자

---

55) Earning surprise, 시장 예상치를 크게 상회하는 호실적.
56) Foundry, 반도체 제조를 전담하는 생산 전문 기업.

의 주가 상승 이유는 많습니다. 하지만 아무리 좋은 기업이어도 내 계좌에 손실을 일으킨다면 마음 고생만 시키는 최악의 기업이 될 수밖에 없습니다.

2020년 9월부터 삼성전자가 "특별 배당을 지급할 예정이다."라는 내용의 보고서가 많이 쏟아졌습니다. 故 이건희 회장의 부고와 함께 2017년 삼성전자가 발표했던 3개년 주주 환원 정책이 종료되었기에, 2020년부터는 예전보다 많은 수준의 배당을 지급할 것이라는 분석이었죠. 하지만 주가는 9월이 아닌 11월부터 상승하기 시작했습니다. 호재만으로 주가를 견인하는 것은 아무리 삼성이어도 힘들었던 것이죠. 400조 원 수준의 기업이니 외국인의 매수가 없다면 상승이 어려운 게 사실입니다. 다만 외국인들이 선호하는 배당 관련 소문이었기에 몇몇 개인 투자자들은 높은 관심을 보였고 실제 매수로 이어진 경우도 많았습니다. 개인들의 자세한 투자 흐름을 볼까요?

삼성전자 주가 흐름, 출처: 인베스팅닷컴

차트 가운데쯤 있는 '녹색 원형의 D' 표시가 특별 배당 지급 당시의 주가입니다. 8만 원 초반대를 기록한 것을 알 수 있죠. 이후 개인 투자자들의 매수가 이어지면서 9만 원 중반까지 과격하게 상승했습니다. 그런데 만약 특별 배당 '소문'이 나돌던 9월쯤 매수해서 실제 '뉴스'가 나온 12월 말에 매도했다면 약 3개월에 30%가 넘는 수익을 거둘 수 있었습니다. 뉴스를 확인하고 8만 원에 매수했던 투자자들은 '10만 전자'를 외쳤지만 앞자리가 9였던 것은 단 하루였습니다. 익절을 했어도 수익률은 아주 낮을 수밖에 없었죠. 하지만 여기서 외국인 투자자의 매수·매도 동향을 보면 이야기가 조금 달라집니다.

소문이 있던 9월 말부터 외국인은 꾸준히 삼성전자 매수(비중 확대) 전략을 펼쳤습니다. 하지만 2021년이 되면서 하루 평균 500만 주 가까이 팔아치우기 시작했죠. 2020년 12월 28일까지만 보유하면 배당이 지급되기에 배당락 이후 약 2주 동안 4조 원이 넘는 금액을 매도했습니다. 반면에 이때 매수한 투자자들은 2021년 8월 제대로 된 시세 차익을 얻지 못하고 중도에 매도했거나, 8개월 가까이 움직이지 않는 답답한 주가를 보며 삼성전자를 원망했을 확률이 높습니다. 결국 "삼성전자가 배당 확대를 발표하면서 최근 일주일간 주가가 10% 이상 상승했습니다."라는 뉴스는 이미 9월부터 돌던 "특별 배당을 지급할 예정이었다."라는 소문의 결과였습니다. 풍문을 들은 사람들은 뉴스가 나기 전에 주식을 사서 뉴스가 나오자 팔아 차익 실현을 했는데, 돈을 벌 사람은 다 벌고 나간 구

2021.01.15	88,000	▼ 1,700	-1.90%	33,431,809	-5,006,115
2021.01.14	89,700	0	0.00%	26,393,970	-5,859,292
2021.01.13	89,700	▼ 900	-0.99%	36,068,848	-1,794,818
2021.01.12	90,600	▼ 400	-0.44%	48,682,416	-5,885,518
2021.01.11	91,000	▲ 2,200	+2.48%	90,306,177	-13,590,286
2021.01.08	88,800	▲ 5,900	+7.12%	59,013,307	-5,082,378
2021.01.07	82,900	▲ 700	+0.85%	32,644,642	+2,989,615
2021.01.06	82,200	▼ 1,700	-2.03%	42,089,013	-5,326,921
2021.01.05	83,900	▲ 900	+1.08%	35,335,669	-2,477,973
2021.01.04	83,000	▲ 2,000	+2.47%	38,655,276	-3,986,032
2020.12.30	81,000	▲ 2,700	+3.45%	29,417,421	+1,204,866
2020.12.29	78,300	▼ 400	-0.51%	30,339,449	-6,166,523
2020.12.28	78,700	▲ 900	+1.16%	40,085,044	+2,397,653
2020.12.24	77,800	▲ 3,900	+5.28%	32,502,870	+3,706,372
2020.12.23	73,900	▲ 1,600	+2.21%	19,411,326	+1,824,496

삼성전자 매수 동향, 출처: 네이버금융

간에 많은 개인 투자자들의 뒤늦은 매수가 이어진 것입니다.

투자 수익을 높이려면 내가 알고 있는 정보가 대중에게 얼마나 노출되었는지 판단할 수 있는 능력이 필요합니다. 이런 능력을 기르려면 증권사가 발행하는 시황 보고서를 읽거나, 관련 기술의 발전 속도, 경제 흐름, 정부 정책 등 내가 투자하려는 기업의 주변 정보를 꾸준히 관찰해야 하죠. 이 단계에서 많은 투자자들이 주식 투자를 어렵다고 느끼기 시작합니다. 심지어 이런 정보를 공부하지 않을 때보다 공부한 후에 수익률이 오히려 떨어지는 경우도 많죠.

답답한 마음에 근거 없는 루머에 혹하기도 합니다. "누구는 차트만 분석해서 100억대 부자가 되었다더라." "매일 1%씩 수익을 내는 방법도 있다더라." "심지어는 '어떤 사이트에서 알려주는 대로만 하면 10배 수익이 난다더라." 하는 말들이 그것이죠.

공부에 왕도가 없고 장사에도 왕도가 없듯이 주식에도 정해진 공식이 없습니다. "소문에 사서 뉴스에 팔아라."라고 이야기 하지만 앞선 사례와 반대로 뉴스가 나오고 난 뒤에 상승하는 경우도 많습니다. 결국 핵심은 "이 소문이 진짜인가?"를 구분하는 능력과 "이 소문이 이미 주가에 반영된 것인가?"를 구분하는 능력입니다. 다양한 정보 습득 수단과 분석 능력을 키우는 것이 수익률로 연결된다는 점을 항상 기억하시기 바랍니다.

02

무릎에 사서
어깨에 팔아라

"무릎에 사서 어깨에 팔아라."라는 말을 들어보셨을 겁니다. 적당히 사서 적당히 팔아야 수익률도 보전하고 '멘탈'도 보전할 수 있다는 격언으로 볼 수 있습니다. 그렇지만 주가의 무릎과 어깨를 발견하려면 그 흐름이 어느 정도는 안정적이어야 합니다. 국내 주식 중에서 그나마 주가가 안정적인 기업들은 삼성전자, SK하이닉스, 현대차, LG화학 등 비교적 규모가 큰 기업들입니다. 반면 2021년 초 개인 투자자들의 도박장으로 불렸던 이트론, 이아이디, 이화전기, 동방, KCTC 등은 하루에도 5%, 10%씩 등락폭이 컸습니다. 시가총액이 작아서 개인 투자자들의 심리에 따라 급등과 급락이 발생하기 쉬운, 변동성에 매우 취약한 종목들이었죠.

시야를 넓혀 나라별로 변동성을 따져보겠습니다. 글로벌 기준으로 보면 한국 시장은 삼성전자, SK하이닉스보다는 이트론, 이아이디에 가까운 시장으로 볼 수 있습니다. 한국 시장은 전 세계에서 약 2%의 비중을 차지하는 작은 시장입니다. 글로벌 시장에서 차지하는 규모가 매우 작은 중소기업이라고 볼 수 있죠. 게다가 변동성에 대한 충격을 완화할 수 있는 금융 장치들이 부족한 편입니다. 그렇다면 선진 금융 시장과 한국 금융 시장의 차이점은 무엇일까요?

선진국 증시 vs. 한국 증시

한국 주식 시장의 역사는 1956년 3월 3일 대한증권거래소가 출범하면서 시작됐습니다. 그러나 글로벌 시장에서 정식 거래 대상으로 인식되기 시작한 것은 1992년 외국인의 국내 증시 직접 투자가 허용된 이후였습니다. (국가기록원) 외국인의 코스피 매수가 제한되었던 전과 달리, 외국인의 접근이 자유로워지면서 국제 시장 질서하에 한국 기업들이 제대로 된 가치평가를 받기 시작했습니다. 물론 외국 자본의 유입 때문에 IMF 경제 위기라는 부작용이 발생하기도 했습니다. 그러나 그 이후부터 부채 비율이 과도하게 높은 기업들이 정리되고 정부 지원이 아닌 시장 시스템을 기반으로 하는 '판교 테크노밸리'가 성장한 것도 사실입니다.

100년이 넘는 유구한 역사를 지닌 유럽이나 미국의 자산 시장에 비해 한국 시스템은 갖춰야 할 것이 아직 많은 상황입니다. 본래 주식 시장은 단순히 '기업'의 지분을 사고파는 시스템이었습니다. 하지만 '네덜란드 동인도 회사'에서 시작된 자산 거래 방식이 원자재, 회사채, 국채 등의 거래 시장으로 확대되면서 여러 금융 투자 상품이 파생되었습니다. 원자재를 주식 시장 안에서 거래하는 ETF, ETN 등의 상품이 등장했고, 시장 지수 전체에 투자하는 ETF, ETN 상품이 상장되어 주식처럼 거래되기도 합니다. 이 외에도 미래 특정 시점의 지수나 개별 기업의 주가 등락을 예측하는 선물 거래 시장이 형성되기도 하고, 지수의 상승과 하락을 두고 투자자 간에 머니게임을 벌이는 옵션 거래 시스템이 나타나기도 했습니다. 시장에서는 이런 원자재, 선물, 옵션 등을 거래하는 시스템을 두고 '파생상품 시장'이라고 합니다. 문제는 이렇게 다양한 파생상품이 주식의 매수와 매도에 관여하기 시작했다는 것입니다. 그러면서 개별 종목의 등락에 '미국 정부의 정책', '중국의 소비 패턴', '유럽 중앙은행의 의사 결정' 등 수많은 변수가 녹아들기 시작했습니다.

예를 들어 미국 정부에서 '태양광 투자 정책'을 발표하면 미국 투자자들은 태양광 ETF를 매수하겠죠. 이러한 ETF에는 비단 미국 기업만 포함되는 게 아니라, 글로벌 태양광 업계 1위인 중국의 융기실리콘자재LONGi Green Energy Technology Co,.Ltd.나 폴리실리콘을 생산하는 한국의 OCI, 태양광 패널을 생산하는 한화솔루션, LG화학 등도 포함될 수 있습니다. 미국의 태양광 투자 정책에 주목한 자본이 미국을 넘어 중국, 한국의 관련 기업 매수에 관여하는 것이죠. 이런 글로벌 투자금은 비교적 장기간 주식 보유를 유지하기에 주식의 유동성을 감소시키는 역할을 합니다. 그러다 투자한 기업이 기대한 기업가치를 벗어나면 대량의 매수나 매도가 발생합니다. 이렇게 과도한 상승이 발생할 때는 개별 투자자들 역시 매도로 대응하고, 과도한 하락이 발생하면 매수로 대응하는 등의 전략을 취해야 합니다.

반대로 글로벌 이슈가 매도를 유도할 때도 있습니다. 미국 정부가 이란을 상대로 규제를 시작했다거나 소규모 공격을 했다는 등의 부정적인 발표가 난다면, 이란의 지리적 특성상 국제 유가가 급격하게 상승하는 원인으로 작용할 수 있습니다. 국제 유가가 상승하면 에너지 비용이 증가하면서 태양광과 같은 친환경 기업들에 대한 매수는 더 늘어날 수 있지만 반대로 석유화학 기업이나 석유 에너지 사용량이 많은 기업들 혹은 ETF에 대량의 매도가 발생할 수도 있죠.

세계 어딘가에서 발생한 어떤 일로 인해 주식이 내가 예상한 저점보다 더 낮은 가격에 거래될 수도 있고, 반대로 생각보다 더 높은 가격에 거래될 수도 있습니다. 하지만 개인 투자자 입장에서 이런 등락을 모두 예상하고 투자할 수는 없습니다. 내가 매수한 시점보다 더 하락할 수도 있으니 '무릎 매수'를 목표로 삼자고 하는 것이고, 내가 매도한 시점보다 더 상승할 수도 있기에 '어깨 매도'를 노리자고 하는 것입니다. 기업에 따라 적용 범위는 다르겠지

만 '차트 분석 관점에서 **전고점**[57], 전저점의 가격'을 참고하는 것
역시 적당한 무릎과 어깨의 위치를 찾기 위함이라고 해석할 수
있죠.

무릎과 어깨를 찾는 법

개인적으로 무릎과 어깨를 찾는 일은 '운'으로 이루어지지 않는
다고 생각합니다. '실적'과 '배당'을 기준으로 직접 찾을 수 있습
니다. 먼저 국내 시장에서 투자하려는 기업이 포함된 국내 업종
평균 PER과 평균 배당률을 비교해봅니다. 더 나아가 미국 시장
이나 중국, 유럽 등에서 거래되는 동일 업종의 평균 배당률, 최
근 등락폭을 비교해보는 것이죠. 그리고 자산 시장에 미치는 외
부 변수가 없다는 가정 아래 더 하락하기 힘든 저점(무릎)과 실
적 성장 속도에 비례하는 고점(어깨)이 어딘지를 찾습니다. 이렇
게 찾은 고점과 저점 사이에서 비교적 단기간(1~3개월) 동안 이
뤄지는 5~10% 수준의 기계적인 등락을 목표 수익으로 삼는 투
자를 할 수 있는 것이죠. 이러한 투자를 보통 '**스윙**[58] 투자'라
고 합니다. 실적 전망치에 기반해 적당한 주가 수준(무릎)을 찾

....

57) 앞선 가격의 고점. 주가가 상승하면서 일정한 가격대까지 올랐다가 밀렸을 때 저항선이 될 수 있
는 부분을 가리키는 말이다.

58) Swing. 일반적으로 수일 내에 차익을 실현하는 단기 매매 방식.

아낼 수 있다면 비교적 안정적으로 반복적인 수익을 낼 수 있습니다.

결론적으로 "무릎에서 사서 어깨에서 팔아라."라는 격언이 의미하는 바를 정리하면 이렇습니다. 연평균 상승률을 기반으로 업종 평균 상승 속도를 인지한 뒤에 그보다 과도한 수익 목표를 세우지 않고 안정적으로 매수와 매도를 하면서 스스로의 투자 만족도를 끌어올리자는 것입니다.

— 03 —

계란을 한 바구니에
담지 말라

"계란을 한 바구니에 담지 말라."라는 말은 분산 투자를 강조하는 말입니다. 주식 시장의 본질은 기업이 투자자로부터 필요한 자금을 모집하고, 투자자는 기업 성장의 열매를 함께 누리는 데 있습니다. 덕분에 다양한 기업들이 주식 시장에 기업을 공개하고, 투자자들은 여유가 되는 만큼 쇼핑하듯 종목을 고르며 투자할 수 있죠. 선택권이 많은 이 시장에서 초보 투자자들은 2가지 실수를 많이 합니다.

첫 번째 실수

첫 번째 실수 유형은 높은 비중의 투자금을 하나의 기업에 몰아넣는 것입니다. 예를 들어 2차전지 시장의 가능성을 크게 평가해 대부분의 투자금을 2차전지 기업 중 하나인 LG화학에 투자했다고 가정해보겠습니다. 실제로 LG화학은 글로벌 2차전지 시장에서 업계 선두를 달리고 있습니다. 2020년 한 해 동안 2.5배의 주가 상승을 보였습니다. 2020년 3월 기록한 저점 기준으로 9개월 만에 3.5배나 상승했을 만큼 2차전지 업종을 대표하는 기업이었죠. 향후 2차전지 시장은 10배 이상 성장할 것이라는 장밋빛 전망이 많았기에 많은 투자자들이 LG화학에 투자하기를 주저하지 않았습니다.

하지만 2020년 9월 LG화학은 배터리 사업부의 '물적분할'을 발표했습니다. 물적분할이란, 기업 내 부서를 새로운 법인으로 분리하는 것을 의미합니다. 새로운 법인으로 분리되면 '외부 투자 유치'가 기존 사업부일 때보다 자유롭습니다. 일개 사업부가 아니라 엄연한 LG화학 자회사로서 '지분 판매'가 가능해지고 '비공개 지분 매각' 혹은 '독립적인 IPO'도 할 수 있습니다. 문제는 배터리 사업을 보고 LG화학에 투자한 기존 투자자들 입장에서는 분통이 터지는 상황이라는 것입니다. 결국 주가에 악재로 작용하게 되었죠.

기업의 분할에는 '인적분할'과 '물적분할' 2가지 경우가 있습니다. LG화학이 선택한 물적분할은 기업 내 부서를 새로운 독립 법인(LG에너지솔루션)으로 설립하면서 100% 자회사로 변경하는 것입

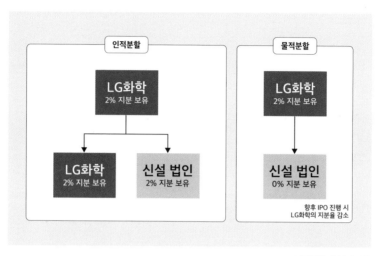

인적분할과 물적분할

니다. 모회사 LG화학이 보유한 자회사 지분이 100%로 유지된다면 기존 투자자들에게 변동되는 사항은 없습니다. 반면에 인적분할은 기업 내 부서를 새로운 독립 법인으로 설립하면서 기존의 지분율대로 분할 상장하는 것을 의미합니다. LG화학의 지분 2%를 보유한 투자자를 기준으로 생각해보면 물적분할된 신설 법인은 기존 투자자의 지분이 포함되지 않은 100% LG화학 자회사로 신규 설립됩니다. 그러나 인적분할된 신설 법인은 기존 투자자의 2% 지분이 그대로 승계되는 형태죠.

LG화학의 이런 선택에 배터리 사업부의 성장성을 보고 LG화학에 투자했던 투자자들은 실망할 수밖에 없었죠. 이후 2021년 상반기 2차전지 관련 기업들의 주가가 30~50%씩 상승하는 동안에도

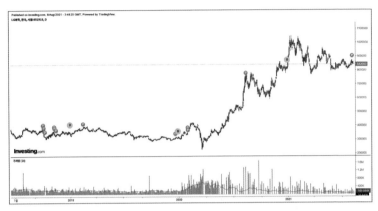

LG화학 주가 흐름, 출처: 인베스팅닷컴

LG화학 주가는 제자리걸음을 반복했고, LG에너지솔루션의 IPO
가 확정됨에 따라 향후 LG화학의 주가가 하락할 것이라고 예상하
는 전문가들 역시 많은 상황입니다.

LG화학 사례처럼 하나의 기업에 큰 비중의 투자를 집행하는 경
우 기업 내부 혹은 외부의 악재로 인해 주식이 하락하거나 시장 수
익률에 미치지 못하는 상황이 발생할 수 있습니다. 하지만 개인 투
자자는 기업을 경영하는 대주주가 어떠한 선택을 할 것인지 예상
할 수 없으니 기업의 미래를 확신할 수 없죠. 따라서 하나의 기업보
다는 다양한 기업으로 주식 계좌를 구성하는 것이 보다 안정적인
수익률을 얻을 수 있는 방법입니다.

두 번째 실수

두 번째 실수 유형은 분명히 다양한 기업에 투자하기는 했는데 똑같은 농장의 계란을 구입한 경우입니다. 예를 들어 자동차에 대해 전문가 수준으로 박식한 투자자 A가 있습니다. 국내 자동차 관련 기업들 중에서 브레이크, 타이어, 인테리어, 조향 장치, **인포테인먼트**[59], 실내 조명, 자율주행 등 각 분야의 대표 기업들을 매수해 계좌를 구성했다고 가정해보겠습니다. 만약 국내 완성차 브랜드의 품질 문제로 해외 시장에서 불매 운동이 발생하면 국내 자동차 관련 기업들의 주가는 하락을 면치 못하겠죠. 이 상황에서 투자자 A의 계좌는 어떻게 될까요?

이번에는 평소 신흥국에 관심이 많던 투자자 B가 있습니다. 글로벌 제조 기업들이 중국 시장의 인건비 상승을 피해 베트남으로 이전한다는 소식을 듣고 베트남의 임금 상승을 투자 아이디어로 삼아 베트남의 건설, 식품, 인프라 기업을 매수해 계좌를 구성했다고 가정해보겠습니다. 이런 상황에서 베트남(공산당 일당 독재 국가) 내부에서 반공산주의 운동이 발생하거나 외환 위기 같은 지역적인 문제가 발생하면 투자자 B의 계좌는 어떻게 될까요?

2가지 모두 매우 극단적인 사례입니다. 다만 실제로 삼성전자와

59) Infortainment, 정보(information)와 오락(entertainment)의 합성어로, 사용자에게 지식 정보와 유희를 동시에 전달할 수 있는 오디오, 비디오 시스템을 말한다. 내비게이션과 음악, 영상 등을 제공하는 터치스크린, 블루투스 핸즈프리 통신 시스템 등이 해당한다.

삼성전자 주가 흐름, 출처: 인베스팅닷컴

SK하이닉스 주가 흐름, 출처: 인베스팅닷컴

SK하이닉스에 같이 투자했거나, 현대차와 기아차, 현대모비스에 함께 투자한 투자자들이 존재하는 것도 사실입니다. 물론 한 번에 같은 섹터의 기업을 매수하는 것이 틀린 투자는 아닙니다. 하지만 보통 삼성전자가 하락하면 SK하이닉스도 하락하고, 현대차가 하

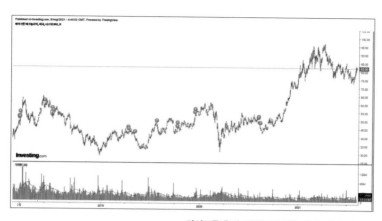

마이크론테크놀로지 주가 흐름, 출처: 인베스팅닷컴

락하면 기아차와 현대모비스도 함께 하락합니다. 그러니 유사한 기업 여러 곳에 투자하는 것보다는 그중에서 조금 더 높은 수익률을 기대할 수 있는 기업에 집중 투자하는 것이 오히려 더 효율적일 수 있습니다.

주가가 함께 가는 흐름은 국가 단위로 발견되기도 합니다. 글로벌 시장에서 메모리 반도체 톱 3는 한국의 삼성전자와 SK하이닉스 그리고 미국의 마이크론테크놀로지(이하 마이크론)입니다. 같은 기간 마이크론의 주가 움직임을 살펴보면 삼성전자, SK하이닉스와 크게 다르지 않다는 것을 발견할 수 있죠.

결국 개별 기업 간 등락률의 차이는 존재하지만 글로벌 시황에 따라 메모리 반도체의 업황이 좋을 때는 한국과 미국 기업이 모두 상승하고, 반대일 때는 모두 하락하는 것을 볼 수 있습니다. 그렇기에 삼성전자와 마이크론을 동시에 매수하면 메모리 반도체의 시황에 따라서 계좌 전체의 수익률이 흔들릴 수 있습니다. 그러니 이제부터 분산 투자를 할 때는 단순히 하나의 회사가 아닌 것을 넘어 업종, 국가까지 살피는 자세가 필요합니다.

— 04 —
주식 투자는
미인 선발 대회와 같다

앞서 삼성전자와 SK하이닉스, 마이크론의 공통점에 대해 설명했습니다. 그렇다면 세 기업 중에서 어떤 기업에 투자하는 것이 가장 좋을까요? 이는 개인 성향에 따라 달라집니다. 세 기업의 특징을 분석해보고 본인이 어떤 성향인지에 따라서 투자가 어떻게 달라지는지 알아보겠습니다.

삼성전자 투자자

먼저 삼성전자를 선호하는 투자자의 성향입니다. 삼성전자는 세 기업 중 시가총액이 가장 크고 배당률도 높습니다. 주가 흐름 역시 안정적인 편으로 적금과 비교될 정도죠. 메모리 반도체 외에도 스마트폰과 가전제품, 파운드리 등 사업 포트폴리오가 다양하기에 성장 가능성도 풍부합니다. 이름값만큼 시가총액도 엄청난 기업이라서 초보 투자자들이 선택할 가능성이 큰데요, 만약 수익률만 따진다면 세 기업 중에서 투자 성과가 의외로 가장 적을 수 있습니다.

2021년 상반기 주가 흐름만 놓고 봐도 고점이 8만 원 후반대 (2021년 1~6월 기준, 9만 원을 초과한 수준에서 거래된 날은 5일이 채 되지 않음)에서 7만 원 후반대였습니다. 고점과 저점의 차이가 약 12%로 큰 수익이 발생하지도 않고, 그렇다고 큰 손실이 발생하지도 않는 흐름입니다. 전문가들의 목표 주가 역시 평균 10만 원 초반으로, 8만 원에 매수했어도 목표 주가까지의 예상 수익률은 약 25% 수준에 그칩니다. 결과적으로 삼성전자 투자자들은 높은 수익률보다 안정적인 수익을 선호한다고 할 수 있습니다.

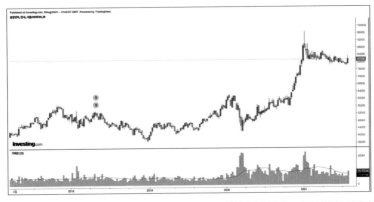

삼성전자 주가 흐름, 출처: 인베스팅닷컴

SK하이닉스 투자자

다음으로 SK하이닉스를 선호하는 투자자의 성향입니다. 국내 증시에서 시가총액 2위인 기업이고, D램 메모리 반도체와 낸드플래시 메모리 반도체 분야에서도 시장 점유율 2위 수준(낸드플래시는 인텔과의 합병을 기준으로 시장 점유율 2위)을 유지하는 기업입니다. 사업 포트폴리오를 보면 메모리 반도체 생산이 전문이고, 주가 12만 원을 기준으로 **시가 배당률**[60]은 약 1% 내외 수준입니다.

SK하이닉스는 삼성전자에 비해 변동성이 큰 편입니다. 삼성전자가 8만 원에서 8만 4,000 원으로 5% 상승하는 동안에 SK하이닉스는 12만 원에서 13만 원으로 8% 가까이 상승했습니다. 단기 투자자에게 매력적인 요소로 보일 수 있죠. 다만 삼성전자 배당률이

SK하이닉스 주가 흐름, 출처: 인베스팅닷컴

....

60) 배당금이 배당기준일 주가의 몇% 인가를 나타낸 것.

4% 수준인 반면, SK하이닉스의 배당률은 1% 수준으로 낮은 편입니다. 배당률이 낮은 것은 하락세가 발생했을 때 하락률을 높이는 원인으로 작용할 수 있습니다. SK하이닉스는 호흡이 빠른 매수와 매도 전략으로 단기 투자 중심의 접근법이 필요한 기업이라고 할 수 있습니다. 더불어 SK하이닉스에 투자하는 분들은 비교적 빠른 호흡의 투자를 선호한다고 볼 수 있겠죠.

마이크론 투자자

마지막으로 마이크론을 선호하는 투자자의 성향입니다. 이 기업을 선택한 투자자들은 조금 과장해서 "뭐니 뭐니 해도 달러가 최고다."라는 지론을 가졌을 것입니다. 실제로 주식 투자를 오래한 투자자일수록 한국 시장을 회의적으로 바라보는 경우가 많습니다. 이런 시각은 2010년 이후 한국 증시가 약 9년이나 지루하게 박스권 안에서 맴돌던 것에 대한 반발 심리(혹은 노이로제)겠죠. 실제로 이 기간 동안 한국 증시의 주가 흐름을 보면 반도체 등 몇몇 업종을 제외하고는 대부분 횡보 혹은 하락세를 보였습니다. 특히 자동차, 조선, 해운, 금융, 건설, 식품, 화장품 업종 대표 기업들의 장기 주가 차트를 보면 답답하게 느껴집니다. 이런 면에서 한국 시장은 장기 투자 매력이 적다고 할 수 있습니다. 이렇다보니 이왕이면 다홍치마라고, 같은 메모리 반도체 기업이고 주가 등락률도 비슷하면 한

마이크론 주가 흐름, 출처: 인베스팅닷컴

국 기업보다 미국 기업이 낫다고 여기는 것이죠.

　더욱이 마이크론은 배당과 자사주 소각 등의 주주 환원 정책이 없기에(2021년 3분기부터 배당 지급) 나스닥에 상장된 많은 반도체 관련 기업들에 비해 변동성이 크다는 특징이 있습니다. 게다가 미국 실리콘밸리 기업들은 대부분 시스템(비메모리) 반도체의 설계와 장비 생산을 전문으로 합니다. 메모리 반도체 기업인 마이크론과 유사성을 찾을 수 있는 기업이 미국 시장 내에는 없다는 강점이 있죠. 그렇기에 마이크론은 미국 기업이면서 주가 흐름은 우리나라의 삼성전자, SK하이닉스와 유사한 기업이라고 할 수 있습니다. 국내 메모리 반도체 기업 시황을 분석하는 투자자라면, '달러' 자산에 투자하는 차원에서 국내 기업에 투자하는 원리대로 마이크론에 투자할 수도 있을 것입니다.

　이처럼 글로벌 메모리 반도체 3사만 봐도 각각의 서로 다른 투자 이유를 찾을 수 있습니다. 이것을 친환경 에너지, 자율주행, 2차 전지, IT 플랫폼, 게임 등 다양한 업종으로 범위를 확대하면 더 많은 투자 콘셉트가 나올 것입니다. 투자 성향에 따라 특정 기업의 조합을 만들어서 그룹별로 수익률을 비교해볼 수도 있겠죠. 그중 최고의 수익률이 기대되는 몇 개의 업종 혹은 몇 개의 기업에 집중 투자하면 비로소 시장 수익률을 상회하는 포트폴리오를 찾을 수 있을 것입니다. 바로 이것이 현명한 투자자로서 가져야 할 중요한 목표입니다. 물론 최고의 전략을 찾는 것과 동시에, '여러 바구니' 전략을 함께 쓰면서 더욱 다양한 국가, 업종, 기업에 투자 자산을 나누기도 해야 합니다. 또한 장기 투자와 단기 투자를 구분해 각각의 호흡에 맞는 적합한 매수, 매도 시점을 잡는 능력도 길러야 하죠.

해외 투자가 정말 쉬워진 요즘은 한국 기업에만 투자하기보다는 글로벌 기업까지 함께 비교해서 가장 높은 수익률을 도모해야 합니다. 그래야 시장 수익률을 상회하는 수익을 거둘 수 있죠. 그런 의미에서 "주식 투자는 미인 선발 대회와 같다."라는 말은 미인 선발 대회처럼 까다로운 기준을 정해서 기업마다 엄격한 잣대로 분석하고, 국내 시장이 아니라 세계적인 범위에서 예상 수익률을 분석한 뒤에 매수할 종목을 골라야 한다는 뜻입니다.

— 05 —

매수는 기술이고
매도는 예술이다

이번에 살펴볼 격언은 "매수는 기술이고 매도는 예술이다."라는 말입니다. 앞서 "장기 투자와 단기 투자를 구분해서 매수 시점을 잡고, 그에 따라 매도 시점을 조절하는 능력이 필요하다."라고 말씀드렸습니다. 그렇다면 장단기 투자 각각에 맞는 매수 시점은 어떻게 잡아야 하고 매도 시점은 어떻게 찾아야 할까요?

초보 투자자들은 매도 시점 잡기를 가장 어려워합니다. 그 다음으로는 매수 시점 잡는 것을 어려워하죠. '내가 사고 나서 주가가 떨어지면 어떡해?'라고 생각하면서 스트레스를 받는 분들이 참 많은데요, 이에 대한 가장 현명한 해결 방법은 최저점에 주가를 매수하는 것입니다. 물론 '오마하의 현인' 워런 버핏조차도 주가의 저점을 잡는 건 어렵습니다. 위대한 투자자조차 하기 힘든 일을 초보 투자자가 하기는 불가능하겠죠. 그렇지만 최저점에 사는 건 아닐지라도 비교적 안정적으로 매수할 수 있는 방법은 분명히 있습니다. 초보자도 시도 할 수 있는 매수와 매도 기술 몇 가지를 살펴보겠습니다.

안전하게 매수하려면 '장기 차트'의 움직임을 파악할 필요가 있습니다. 주가는 실적에 따라 움직이고 이러한 주가 움직임의 역사가 기록된 것이 주가 차트입니다. 매분 매초 등락률과 수급, 거래량까지 파악할 필요는 없습니다. 그러나 장기적인 방향성, 단기 고점과 저점, 주요 상승 이력을 확인한 뒤에 매수를 진행하는 것은 투자의 기본입니다.

한국 시장에 상장된 기업들의 차트는 보통 3가지로 분류할 수 있습니다. 첫째는 실적에 비례해 등락이 유지되는 우량 기업의 차트, 둘째는 특정 이슈에 따라 상승하지만 결국 제자리로 복귀하는 테마성 급등 차트, 마지막으로는 우량 기업도 아니고 테마성 급등 차트도 아닌, 정체를 알 수 없는 차트가 있습니다. 우량 기업 차트의 사례는 삼성전자, 현대차, LG생활건강, 다나와, 에코마케팅 등을 꼽을 수 있습니다. 이들 기업의 주가에는 실적의 증가 혹은 감소가 정직하게 반영되는 편입니다.

테마성 급등주의 매도

하지만 안타깝게도 우리나라 기업 중 상당수의 주가 차트가 테마성 급등 패턴을 보입니다. 신약 개발을 진행하는 바이오 기업이 대표적인 사례입니다. 또 재무제표에서 성장성 같은 뚜렷한 투자 포인트를 찾을 수 없고 주주 환원 역시 기대하기 힘든 기업들도 이러한 예시에 해당합니다.

넥슨지티

넥슨지티(041140)라는 기업의 주가 흐름을 한번 봅시다. 글로벌 게임사로 성장한 넥슨의 자회사로 '서든어택'을 제공하는 기업이죠. 넥슨지티[NexonGT]로 사명을 변경하기 전에는 게임하이[GAMEHI.Co,. Ltd]로 알려진 기업입니다. 서든어택 이후 이렇다 할 대작 게임이 발매되지 않는 상황이 이어지면서 실적 역시 꾸준히 감소하고 있습니다. 야심차게 준비한 '서든어택 2' 역시 게임 오류 등 여러 불미스런 이슈로 국내 게임 역사상 최단 기간 내 서비스를 종료하는 기록을 세웠죠(공식 출시: 2016년 7월 6일, 서비스 종료: 2016년 9월 29일). 하지만 주가 차트를 보면 2014년 이후 약 네 번의 급등이 있었던 것을 확인할 수 있습니다.

첫 번째 급등은 많은 기대를 모았던 서든어택 2의 개발 소식이 처음 공식화되었을 때 나왔습니다. 그러나 막상 출시된 서든어택2가 논란에 휩싸이자 급등했던 주가는 다시 원점으로 돌아왔습니다. 두 번째 급등(2017년 8월 중반)이 발생한 것은 넥슨의 또 다른 자회사인 '넥슨레드[NEXON RED]'에서 곧 '엑스'라는 대규모 게임이 출시(2017년 9월 중반)된다는 소식이 전해졌을 때입니다. 같은 '넥슨'이라

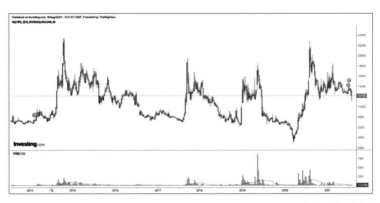

넥슨지티 주가 흐름, 출처: 인베스팅닷컴

는 이름이 붙었다는 이유로 넥슨레드와 전혀 관계없는 넥슨지티가 급등한 것입니다. 진짜 실적으로 이어질 뉴스가 아닌데도 주가가 오른 것은, 그만큼 넥슨지티라는 기업에 자체적인 매력이 없다고 시장에서 판단했기 때문이라고 할 수 있습니다. 이후에도 급등은 두 번 더 있었습니다. 2019년에는 모아이게임즈$^{MOAI\ Games}$가 개발하고 넥슨이 유통한 대작 게임 '트라하' 출시 소식으로 급등이 있었고, 2020년에는 넥슨의 시작이라 할 수 있는 '바람의 나라' 모바일 버전 '바람의나라: 연' 출시 소식에 주가가 급등했습니다. 이렇게 기업의 실적이 아닌 이슈 중심으로 급등락이 발생하는 경우가 많아 "작전주를 조심해야 한다."라는 루머가 돌기도 하죠.

그런데 이슈로 인한 급등 이후에 주가가 하락하는 패턴을 투자에 이용할 수도 있습니다. 넥슨지티 주가의 저점은 약 7,000~8,000원 사이고, 여기에 이슈가 한 스푼 더해지면 급등이 발생한다는 공식 아닌 공식을 만들어서 이를 활용하는 것입니다. 투자의 고수들은 이러한 투자 아이디어들을 메모해두었다가 시장에 영향을 미칠 만한 이슈가 발생하면 소액 투자로 소소한 수익을 올리기도 합니다.

삼성제약

다음으로 살펴볼 기업은 삼성제약(001360)입니다. 췌장암 항암제인 리아백스를 개발하는 기업으로, 임상 결과에 대한 기대감으로 2015년 한 차례 급등이 있었습니다. 그리고 2020년 말에도 3상 임상 시험 결과를 발표하면서 기록적인 급등을 보였습니다. 이런 흐름은 해외 유명 제약사들의 주가 패턴과는 차이가 있습니다.

세계적인 제약사 화이자^{Pfizer}나 노바티스^{Novartis}, 사노피^{Sanofi}, 얀센^{Janssen, 존슨앤존슨의 자회사} 등은 실제 매출을 기초로 주가의 급등락이 발생하는 경향이 있습니다. 2010년대 들어 글로벌 제약사로 성장한 기업 미국의 길리어드 사이언스의 경우 인플루엔자 A가 전 세계적으로 유행했을 때 '타미플루' 매출 증가로 주가가 급등했습니다. 원래 20달러 수준이던 주가가 인플루엔자 A 유행 이후 3년 동안 약 5배(주가 110달러 수준) 상승하기도 했습니다.

해외에서 국내 신약 개발 기업처럼 임상 시험을 진행한다는 이유로 실적 없이 적게는 50%에서 많게는 1,000%까지 상승하는 경우는 찾아보기 힘듭니다. 이러한 상승은 국내 시장의 특수성으로 볼 수 있습니다. 자산 시장은 결국 투자자들의 거대한 전쟁터이고

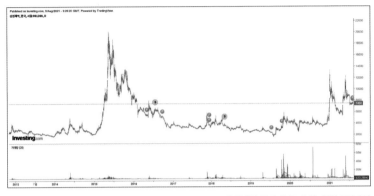

삼성제약 주가 흐름, 출처: 인베스팅닷컴

이 전쟁의 방향성을 결정하는 것은 투자자들의 심리입니다. 국내
시장 참여자들의 암묵적인 동의하에 바이오 기업들의 상승과 하락
이 반복되는 것입니다. 이 또한 지혜롭게 활용하면 투자 아이디어
가 될 수도 있습니다. '임상 시험 일정'을 미리 확인하고 시장에서
주목하기 전(거래량이 솟아오르기 전)에 미리 매수했다가 뉴스가 나왔
을 때 매도하는 전략을 취할 수 있는 것입니다.

국내 게임주와 제약주 2가지 사례에서 살핀 투자 전략은 결국
'실적'보다 '이슈'를 중심으로 매매하는 방법입니다. 근거가 빈약한
투자 아이디어이므로 성공 가능성이 낮다고 볼 수도 있습니다. 익
절한다면 다행이나 그렇지 않을 경우 다른 관심 종목들이 상승하
는 것을 보며 손절하고 싶은 마음이 들 수 있습니다. 이 전략은 그
저 한국 시장에서 장기간 살아남은 내공 있는 투자자들이 소액으
로 즐기는 일종의 '유희성 투자 전략'이라고 보면 됩니다.

실적 중심 우량주의 매도

이번에는 안정적이고 성공 가능성이 매우 높은 투자 전략을 알아보겠습니다. HTS나 MTS 혹은 주가 차트를 볼 수 있는 사이트를 한번 열어보세요. 차트에는 시세의 등락을 나타내는 캔들과, 캔들의 위아래에 형형색색으로 표현된 몇 개의 곡선이 있습니다. 투자 시장에서는 이것을 **이동평균선**[61](이하 이평선)이라고 부릅니다. 이평선의 기준은 다양하게 설정할 수 있지만 보통 5, 20, 60, 120이 기본값으로 통합니다. 이평선은 5, 20, 60, 120라는 숫자에 해당하는 캔들 개수의 '종료값(종가) 평균'을 이은 선입니다. 캔들의 움직임과 가장 유사한 흐름을 보이는 '5일 이평선'은 5개 캔들의 종가 평균이 이어진 선이고, 캔들에서 가장 멀리 떨어진 '120일 이평선'은 120개 캔들의 종가 평균을 이어 만든 선으로 볼 수 있습니다. 해당 이평선이 주식 차트에 기본값으로 표현되는 이유는 100년이 넘는 주식 시장의 통계값을 볼 때 가격의 이동이 해당 선을 기준으로 발생하는 경우가 많기 때문입니다. 실제로 다양한 조건의 차트에서 캔들과 이평선의 움직임이 자석의 N극과 S극처럼 붙었다 떨어지기를 반복하는 것을 볼 수 있습니다.

....

61) 일정 기간 동안의 주가를 합산하여 평균을 낸 값을 차례로 연결해 만든 선으로, 주가 흐름과 추이를 파악하는 지표. 설정한 기간에 따라 5일, 30일, 60일, 120일, 200일 이동평균선이 있다.

이동평균선 해석법

"주가가 60일 이평선에 닿아 기술적 반등을 할 가능성이 높다."

이동평균선은 일정 기간 동안의 주가를 합산한 평균값을 차례로 연결해 만든 선으로, 주가 흐름과 추이를 파악하는 지표입니다. 여기서 말하는 일정 기간이 5일인지, 30일인지, 60일인지 등에 따라서 단기, 중기, 장기 이동평균선이 되는데요, 장기 이동평균선은 아주 낮은 값과 높은 값을 모두 포함하기 때문에 기본적으로 낮은 가격대에 선이 형성됩니다. 바닥, 또는 지지선이라고 부르는 이유죠. 그래서 주가가 떨어지는 타이밍에 이 지지선을 만나면 다시 반등할 가능성이 높다고 해석하는 것입니다.

주가가 이동평균선에 닿아 반등하는 모습, 출처: 네이버금융

다나와

다나와(119860)의 주가 차트는 국내 시장에서 보기 힘든 장기 우상향 흐름을 보여줍니다. 매년 매출과 이익이 성장하며 주가도 꾸

다나와 주가 흐름, 출처: 네이버금융

준한 우상향을 보여주기에 언제 사야 좋을지 매수 시점이 고민되는 기업입니다. 그래도 잘 살펴보면 몇 년에 걸쳐 나타나는 주가 원칙을 찾을 수 있습니다. 특별한 이벤트가 없다면 **월봉[62]**을 기준으로 20일 이평선을 이탈하는 경우(붉은 선 아래로 주가가 내려가는 경우)를 찾기 힘들다는 점입니다. 이례적으로 2020년 3월 20일 이평선 아래로 주가가 크게 내려간 적이 있지만 이때는 코스피 지수 전체가 2,000pt에서 1,400pt로 무너진 상황이었습니다. 정리하면, 다나와 주식을 사고 싶다면 "매출과 이익의 증가가 유지된다."라는

....

62) 한 달 동안의 시가와 종가, 저가와 고가를 하나의 봉에 표시한 주가 변동 그래프.

가정하에 20일 이평선에서 매수하는 것이 좋습니다. 매우 높은 확률로 그 가격이 저점일 수 있습니다.

엔씨소프트

장기 우상향 차트를 자랑하는 또 다른 기업은 엔씨소프트(036570)입니다. 엔씨소프트도 월봉 기준 20일 이평선을 기준으로 상승 추세를 유지하고 있죠. 다나와처럼 '실적과 이익이 상승한다는 가정'에 부합한다면 20일 이평선에 닿은 시점이 '매수 포인트'가 될 수 있습니다. 실제로 2021년 초 엔씨소프트 리니지M 환불 거부 사건으로 인해 불매 운동이 진행되면서 주가가 100만 원에서 80만 원

엔씨소프트 주가 흐름, 출처: 네이버금융

초반대로 20% 가까이 급락했습니다. 그렇지만 20일 이평선 근처에서 외국인의 대량 매수가 발생하면서 주가의 하락이 멈추기도 했습니다. 단, 2021년 1월에 시작된 리니지M 불매 운동의 여파로 리니지M과 리니지2M의 이용자 수가 50% 이상 감소한 것이 '실적과 이익의 감소'로 이어진다면 20일 이평선 아래로 주가가 하락할 가능성이 있습니다.

이렇듯 많은 투자자가 기준으로 삼는 매수 전략을 찾아낸다면 '비교적 안전한' 매수 포인트를 찾아낼 수 있습니다. 그렇다면 다나와, 엔씨소프트와 달리 꾸준한 우상향을 보이지 않는 기업들은 어떻게 매수 포인트를 찾을 수 있을까요?

턴어라운드주의 매도

이번에는 실적의 증가는 확인할 수 있지만 대규모 전환사채 물량으로 고평가 논란에 휩싸인 HMM을 보겠습니다. HMM의 전신은 현대상선으로, 1990년대 후반 금강산 관광선을 운영했습니다. 이후 2000년대 중국의 급격한 성장과 함께 전 세계 물동량 증가로 해운업 업황이 폭발적으로 성장하면서 주가가 무려 50배 가까이 상승했던 엄청난 기업이기도 하죠. 하지만 과도하게 팽창한 해운 업계 전체적으로 위기가 발생하면서 2016년 초에는 부채 비율이 5,000%에 달하는 부실 기업이 되었습니다. 그해 7월 산업은행의 자금이 수혈되면서 4년간의 구조조정을 거쳐 2020년 다시 준대기업 수준(자산총액 5조 원 이상)으로 기업가치를 회복했습니다. 코로나19 이후 다시 한번 해운 물동량이 폭발하면서 흑자 전환에 성공했습니다.

주식 시장에서 오래 살아남은 투자자들 중에서 '적자 기업의 흑자 전환'에 주목하는 사람이 많습니다. '적자 기업'이란 기업의 본질적인 목적, 즉 '자본으로 자본 이득'을 만드는 일에 실패한 기업입니다. 그런 기업이 다시 자본으로 자본 이득을 만들게 된 것은 주가 측면에서 평가를 새로 내릴 근거가 생겼다는 뜻입니다. 이렇게 되면 저평가 기업이 실적을 바탕으로 새로운 주가 흐름을 만들 수 있습니다. 한국 HMM이나 미국 테슬라처럼 '폭발적 성장'이 기대된다면 주가 상승은 더 드라마틱할 수밖에 없죠. 기업의 이러한 체질 변화를 빨리 찾아내는 것 역시 투자자들이 노릴 성공의 기회 중 하나일 것입니다.

HMM은 2020년 2분기 흑자 전환을 한 뒤부터 약 1년간 10배 이상 주가가 상승했습니다. 당시 HMM을 두고 한국의 테슬라라며 '흠슬라'라는 별칭이 붙기도 했습니다. 그 과정에서 많은 투자자들이 HMM을 언제 사야 하는지 궁금해했죠.

하지만 주가가 언제까지나 우상향할 수는 없는 법입니다. 2,000~3,000원에서 거래되던 주식이 5만 1,100원에서 하락하기 시작하면서 고점에 매수한 투자자들의 멘탈이 무너지기 시작했습니다. 여

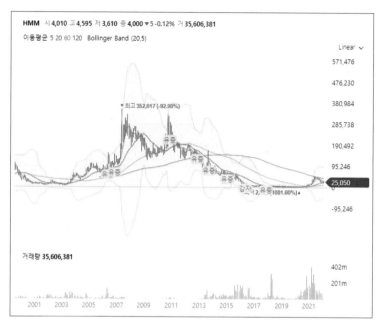

HMM 시 4,010 고 4,595 저 3,610 종 4,000 ▼5 -0.12% 거 35,606,381
이동평균 5 20 60 120 Bollinger Band (20,5)

HMM 주가 흐름, 출처: 네이버금융

기업실적분석										더보기 ›
주요재무정보	최근 연간 실적				최근 분기 실적					
	2018.12	2019.12	2020.12	2021.12(E)	2020.03	2020.06	2020.09	2020.12	2021.03	2021.06(E)
	IFRS 연결	IFRS 연결	IFRS 연결	IFRS 연결	IFRS 연결	IFRS 연결	IFRS 연결	IFRS 연결	IFRS 연결	IFRS 연결
매출액(억원)	52,221	55,131	64,133	112,503	13,131	13,751	17,185	20,065	24,280	27,369
영업이익(억원)	-5,587	-2,997	9,808	51,638	-20	1,387	2,771	5,670	10,193	12,548
당기순이익(억원)	-7,906	-5,898	1,240	39,085	-656	281	246	1,368	1,541	17,529

HMM 재무제표, 출처: 네이버금융

기에서 우리가 살펴야 하는 것이 바로 '매도의 예술'입니다. HMM
의 실적 상승이 극적이었다는 것은 모두가 인정할 수밖에 없습니
다. 그렇다면 언제 매도하는 것이 가장 아름다울까요?

HMM 주가 흐름, 출처: 네이버금융

일봉이나 주봉을 기준으로 두고 보면 HMM의 상승세는 5일 이동평균선 위에서 내달린 경주마로 볼 수 있습니다. 그렇기에 항상 '언제 매도하는 것이 좋을까?'라는 생각이 투자자들의 머릿속에 맴돌았죠. 한 번의 고비는 있었습니다. 2021년 3월 말 '수에즈 운하 마비 사고'가 없었다면 HMM의 상승은 3만 원 수준에서 한번쯤 '조정'을 받았을 것이라는 전문가도 많았죠. 실제로 차트를 보면 2021년 3월 말~4월 초에 거래량이 평소보다 높기도 했습니다. 급등하는 주식의 경우 거래량이 폭발하면 단기 고점이 될 확률이 크다고들 합니다. HMM의 흑자 전환을 기대하고 매수한 투자자가 3만원 전후에 매도했다면 매우 성공적인 투자가 되었을 겁니다. (이때 매

HMM의 주가 흐름, 출처: 네이버금융

도했다면 수익률이 500~1,000% 수준이었겠죠.)

하지만 수에즈 운하 마비 사고로 해운업의 중요성이 다시 주목받으면서 '무서운 랠리'가 또 한번 펼쳐졌죠. 개인적으로 이 기업을 분석하면서 3만 원 전까지는 매수해도 비교적 '안전'할 수 있다고 생각했습니다. 필자의 라이브 방송이나 유튜브 채널에서도 그렇게 말했죠. 그러나 이후의 상승장에서는 HMM을 매수하기보다는 다른 기업 매수를 제안했습니다. 그만큼 당시 HMM의 주가 급등은 실적이나 가치보다는 '기대감'으로 오르는 경향이 강했기 때문입니다. 하지만 오래 알고 지낸 한 투자자가 필자에게 이런 말을 했습니다. "월봉으로 보면 5만 원까지는 안심할 수 있지 않을까?" 필자는 여기서 "아차!" 하는 생각이 들었습니다.

앞서 많은 사람들이 따르는 투자 방법을 이용할 필요가 있다고 했죠. 대다수의 차트에서 5일, 20일, 60일, 120일 이평선을 기본 설정으로 둡니다. 그리고 많은 투자자들이 일봉, 주봉, 월봉 차트를 보면서 주가의 흐름을 잡죠. (단기 트레이드를 하는 분들은 1분, 3분, 5분, 10분봉으로 차트를 관찰하기도 합니다.) 흑자 전환이라는 호재와 함께 '역대급 실적', '전년 대비 1,000% 실적 상승'이라는 꿈 같은 단어가 HMM 주변을 맴돌고 있는 상황에서 주가가 아직 투자자들의 '심리적 저항선'인 이평선에 닿기 전이라면, 충분히 더 달릴 수도 있는 것입니다.

이렇게 이평선을 저점과 고점을 찾는 수단으로 활용할 수 있습니다. 기업의 실적, 업황, 재무 상태에 따라 방향성은 다를 수 있습니다. 그러나 필승 공식이 없는 투자 시장에서 '1차 매수를 해도 되는 가격', '2차 매수를 해도 되는 가격', '비중을 줄여야 하는 가격' 등을 찾는 수단으로 이평선은 유용합니다. 관심 종목의 차트와 가격을 매일 확인할 때 이평선도 꼭 참고해보기 바랍니다. 내가 원하는 매수, 매도 가격과 함께 거래량을 통해 시장의 관심도까지 참고한다면 '기술적인 매수 시점'과 '예술적인 매도 시점'을 찾아낼 수 있습니다. 이런 경험치가 쌓일수록 투자의 성공률과 수익률을 높일 수 있습니다.

외국인의 이평선 활용법

덧붙여 한국 시장에서 가장 중요한 수급은 '외국인'입니다. 그렇다면 외국인도 한국인과 동일한 이평선을 두고 주식 시장을 관찰할까요? 미국은 전 세계에서 유일하게 **SI단위**[63]에서 국제 표준을 따르지 않고 미터(m)와 킬로그램(kg)을 마일(mile)과 파운드(lb)로 사용하는 국가입니다. 주식 차트에서도 이런 미국만의 표준이 따로 존재하는데요, 바로 20일, 50일, 100일, 200일 이평선입니다.

국내 투자자들이 사용하는 5일 이평선은 월요일부터 금요일까지, 그러니까 일주일의 이동평균을 나타내는 것입니다. 20일 이평선은 5일이 네 번, 그러니까 한 달의 이동평균을 나타낸 것이죠. 마찬가지로 60일은 1분기, 120일은 반기, 240일은 1년으로 볼 수 있습니다. 하지만 1년 중에는 공휴일 등 휴일이 있죠. 그렇기에 미국 투자자들은 여기에서 휴일의 일부를 반영해 50일 이평선(1분기 중에 평균 10일의 휴일이 있다고 가정), 100일 이평선(반기 중에 평균 20일의 휴일이 있다고 가정), 200일 이평선(1년 중에 평균 40일의 휴일이 있다고 가정)을 사용해 매수와 매도 시점을 결정하기도 합니다.

국내 상장사 중에도 외국인의 매수와 매도의 영향을 많이 받는 기업들이 많습니다. 삼성전자와 같이 코스피 시가총액 상위 기업

....

[63] System of International units. 미터, 킬로그램, 초, 암페어, 켈빈, 몰, 칸델라 등 측정 단위를 국제적으로 통일한 체계.

삼성카드의 주가 흐름, 출처: 네이버금융

이거나 신한지주, KB금융과 같이 개인이 선호하지 않는 금융사들이 대표적이죠. 삼성카드 역시 개인의 매수, 매도에 영향을 받기보다는 외국인의 매수, 매도에 저점과 고점이 결정되는 경우가 많습니다.

이러한 삼성카드가 2020년 5월 **MSCI지수**[64]에서 편출되는(빠지는) 이슈가 있었습니다. MSCI 지수는 전 세계에서 가장 큰 투자 금액을 자랑하는 주가 지수 중 하나이기에 지수 편입은 몇백억~몇천억 단위의 매수가 발생하는 호재입니다. 반대로 지수 편출은 몇백

....

64) Morgan Stanley Capital International index. KRX300, S&P500지수와 같이 MSCI 측에서 조건에 맞는 기업을 선정해 만들어낸 지수.

날짜	종가	전일비	등락률	거래량	기관		외국인	
					순매매량	순매매량	보유주수	보유율
2021.05.28	33,300	▲ 500	+1.52%	416,656	+124,600	-73,044	11,414,983	9.85%
2021.05.27	32,800	▲ 750	+2.34%	3,378,250	+142,355	-209,238	11,505,027	9.93%
2021.05.26	32,050	▼ 100	-0.31%	592,130	+73,118	-304,849	11,714,252	10.11%
2021.05.25	32,150	▲ 100	+0.31%	629,815	+70,118	-276,371	12,016,401	10.37%
2021.05.24	32,050	▼ 150	-0.47%	436,048	+43,937	-207,990	12,302,497	10.62%
2021.05.21	32,200	▼ 50	-0.16%	237,212	+20,880	-79,271	12,510,309	10.80%
2021.05.20	32,250	▼ 800	-2.42%	455,821	+13,204	-272,089	12,578,780	10.86%
2021.05.18	33,050	▲ 150	+0.46%	261,041	+42,440	-55,488	12,842,867	11.09%
2021.05.17	32,900	▼ 700	-2.08%	295,743	+19,801	-143,565	12,899,355	11.13%
2021.05.14	33,600	▲ 50	+0.15%	178,362	+33,671	-33,470	13,042,920	11.26%

삼성카드 매수 동향. 출처: 네이버금융

억~몇천억 단위의 묻지마 매도가 발생할 것을 의미하죠. 정해진 기한 내에 무조건 매도하는 자금이 있는 것은 주가가 하락할 수밖에 없는 이슈로 작용합니다. 이러한 정보가 알려지기 전 삼성카드의 주가는 3만 4,000~3만 5,000원 수준이었지만 뉴스가 발표되자마자 3만 3,000원으로 하락하더니, '매도 예고 시점'이 다가오자 3만 2,000원까지 떨어졌습니다.

여기에서 흥미로운 점은 모두가 팔기만 한 것은 아니라는 점입니다. 1천억 원 이상의 묻지마 매도가 예고되어 있음에도 일부 시장 참여자들은 조금씩 매수를 하면서 주가 반등을 통한 차익 실현을 도모하고 있었습니다. 그림은 MSCI 지수 편출 이슈가 있었던 2021년 5월 전후의 삼성카드의 주가 차트입니다. 관련 뉴스가 본격적으로 알려진 2021년 5월 3일 조용히 움직이던 주가가 하루 만에 4.67% 하락했죠. 이후 가격을 회복하나 싶었지만 2021년 5월 27일까지 특정 물량을 매도해야 한다는 소식이 많은 투자자에게 알려지면서 삼성카드 주가는 한 달 내내 하락했습니다. 하지만 200일 이평선인 보라색 선 근처에서 하락이 멈추더니 5월 27일에는 주가가 오히려 2.34% 상승하는 모습이 나타났습니다. 단기간에 원래 가격대로 회복된 것입니다.

이 기간에 외국인은 전체 지분의 약 1.5%를 시장에 매도하면서 하락을 주도했습니다. 반면 기관은 200일 이평선이 가까워질수록 매수량을 늘리면서 하락 후 이루어진 단기적인 반등을 통해 7~10%의 차익을 얻기도 했습니다. 필자 역시 해당 급락 구간에서 꽤 큰 돈을 투자해 안전한 수익을 냈습니다. 이처럼 주가 지수 편입과 편출이라는 시스템과 기관 및 외국인 투자자들의 관점에 대해 이해한다면, 아주 안전하게 차익을 낼 수 있는 기회가 생깁니다. 주식 시장에서 '공식'과 '정답'을 찾기는 힘듭니다. 그보다 중요한 것은 시시각각 변하는 상황에서 '높은 확률의 승부처'를 찾아 조용히 수익을 얻는 것입니다. 이것이 바로 매수, 매도의 기술이자 예술이라고 할 수 있습니다.

— 06 —

숲을 먼저 보고
나무를 보아라

삼성전자와 HMM같은 대형 기업은 상승이나 하락을 예상하기 위해 '업황'을 분석해야 합니다. 업황은 섹터 전체의 상승과 하락을 결정하는 중요한 요소입니다. 예를 들어 삼성전자 매출의 대부분을 차지하는 D램 메모리 반도체 가격이 상승한다고 생각해봅시다. 반도체 가격이 오르면 삼성전자 매출과 이익이 증가하고 배당도 상승할 것이라 예상할 수 있습니다. 주가 역시 상승할 가능성이 높겠죠. 반대로 D램 반도체 제작에 필요한 원재료인 실리콘이나 PCB 기판의 가격이 오른다고 합시다. 생산비가 올라가니 삼성전자 매출이 그대로 유지되어도 이익이 감소할 것이라 예상할 수 있습니다. 투자하려는 기업의 매출 구조를 파악하고 관련 원자재, 상품 등의 가격 동향을 살피는 것은 투자 수익률을 높이기 위해 꼭 필요한 과정입니다.

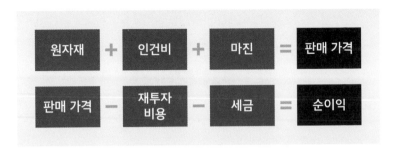

태양광 사업과 OCI

그림은 업황이 기업에 미치는 구조를 간단하게 표현하고 있습니다. 이를 응용해 해당 산업의 '숲'이 무엇이고 '나무'의 성장은 무엇인지 찾아보겠습니다. 예를 들어 미국 정부가 태양광 사업에 1조 원을 투자한다고 발표했습니다. 이 때 태양광 시장은 숲이 될 수 있겠죠. 태양광 패널의 원재료인 '폴리 실리콘'은 중국 신장 자치구 생산 가격이 전 세계에서 가장 저렴합니다. 하지만 1조 원 투자를 발표한 미국 정부가 중국 신장 자치구의 폴리 실리콘을 사용한 태양광 패널의 미국 수입을 금지하는 조항을 추가했습니다. 그렇다면 '숲'의 관점으로 볼 때 태양광 관련 산업에서 어떤 기업이 가장 수혜를 볼까요?

'중국 신장 자치구의 폴리 실리콘'이 미국 정부의 태양광 투자가 호재인지를 결정하는 열쇠가 될 것입니다. 이미 미국에서는 해당 재료를 쓰면 안 된다고 선언했습니다. 그러니 중국 신장 자치구 이

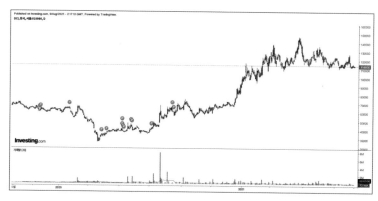

OCI 주가 흐름, 출처: 인베스팅닷컴

외 지역에서 폴리 실리콘을 생산하는 기업이 수혜를 입겠죠. 이런 이유에서 태양광 산업이라는 숲에 뿌리를 둔 OCI라는 한국 기업이 상당한 수혜를 입을 것이라고 전문가들은 분석했습니다. 실제로 당시 OCI 주가가 크게 상승했습니다. 그동안 중국에서 생산되는 저가 폴리 실리콘과의 경쟁으로 순손실이 발생하던 기업이었기에 흑자 전환이라는 이슈는 OCI 주가를 움직이기에 충분한 소재가 되었습니다.

이렇듯 '숲'이라고 할 수 있는 시장 전체 움직임을 보면 그 속에 포함된 '나무', 즉 개별 종목의 등락 역시 예상할 수 있습니다. 그런 점에서 많은 전문가들이 "숲을 먼저 보고 나무를 보아라."라는 말을 하는 것입니다.

스판덱스와 효성티앤씨

또 하나의 예를 찾아보죠. 이번에는 2020년 HMM과 유사하게 역대급 상승을 보여준 효성티앤씨입니다. 효성티앤씨의 주요 매출원은 레깅스에 주로 사용되는 '스판덱스'라는 섬유 소재입니다. 코로나19로 외출이 힘들어지면서 집에서 운동하는 인구가 크게 늘었습니다. 남들의 시선에서 자유로운 만큼 최대한 편한 운동복에 대한 선호도가 높아지면서 전 세계적으로 레깅스 수요가 폭발했습니다.

나이키^{Nike}, 아디다스^{Adidas}, 언더아머^{Underarmour} 등의 글로벌 스포츠웨어 브랜드 입장에서는 매우 반가운 흐름입니다. 신규 시장이 만들어진 것이니까요. 레깅스 시장의 성장과 함께 미국에서는 룰루레몬^{Lululemon} 같은 신생 브랜드가 급속도로 성장하기 시작했습니다.

국내에서도 '안다르'나 '젝시믹스' 같은 신규 브랜드가 나이키,

룰루레몬 주가 흐름, 출처: 인베스팅닷컴

아디다스 못지않은 판매량을 보이며 성장을 거듭하고 있습니다. 이렇게 레깅스 수요가 폭발적으로 늘어나면서 레깅스 원자재를 생산하는 효성티앤씨도 스판덱스 판매 가격 상승이라는 수혜를 볼 수 있었습니다. 2019년 한 해 3,000억 원 수준이던 영업 이익은 2020년 4분기 기준으로 1,300억 원까지 증가했고, 2021년 1분기에는 무려 2,400억 원까지 성장하면서 판매 가격 상승 효과를 톡톡히 누렸죠. 주가 역시 실적 증가에 맞춰 빠르게 상승했습니다. 2020년 8월 기준 10만 원대였던 주가는 2021년 8월에 80만 원 위에서 거래되기도 했습니다.

물론 효성티앤씨는 화학 업종에 속한 주식으로 실적만큼 '배당률'이 중요한 주식입니다. 업종에 따라서 '성장성' 중심으로 투자 전략에 접근해야 될 주식이 있고, '배당'을 생각하며 매수 또는 매도해야 하는 주식이 있습니다. 기업이 향후 벌어들일 수익을 예상할

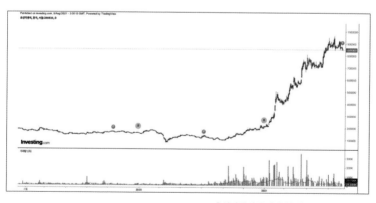

효성티앤씨 주가 흐름, 출처: 인베스팅닷컴

수 있다면 지급될 배당금을 어느 정도 예측할 수 있습니다.

효성티앤씨는 2019년 1,200억 원 수준의 순이익이 발생했을 때 1주당 2,000원의 배당금을 지급했고, 2020년 1,683억 원의 순이익이 발생했을 때 1주당 5,000원의 배당금을 지급했습니다.

매출이 늘어남에 따라 배당금 지급을 늘린 착한 기업이라고 할 수 있습니다. 2021년 예상 순이익은 약 1조 원 수준입니다. 2020년에 비해 약 6배 규모인데요, 이를 바탕으로 배당금도 6배 수준으로 늘어나고 1주당 3만 원을 줄 것이라 기대할 수 있습니다. 그렇다면 코스피 혹은 S&P500의 평균 배당률인 1.5%를 기준으로 3만 원의 예상 배당금에 대한 목표 주가를 계산해보겠습니다.

$$\frac{100\%}{1.5\%} \times 3\text{만 원} = 200\text{만 원}$$

1.5%의 배당률을 적용해 3만 원의 배당을 주려면 1주당 가격은 200만 원이 되어야 합니다. 그렇다면 80만 원 수준에서 주가는 왜 우상향하지 못할까요? 실적 예상치에 대한 불확실성 때문일까요? 3만 원의 배당금을 지급하지 않을 수도 있기 때문일까요? 그것보다는 '숲'의 관점에서 접근할 필요가 있습니다.

스판덱스는 공장에서 생산하는 공산품입니다. 언제든 대체 가능한 제품인데요, 예를 들어보겠습니다. 사과 농장을 하던 농부가 새로운 과수원 부지를 구입했습니다. 사과 한 상자의 가격은 2만 원이고 복숭아 한 상자의 가격은 20만 원입니다. 이 때 농부는 새로 구입한 과수원 부지에 사과나무를 심을까요, 복숭아 나무를 심을까요? 시장은 '돈이 되는 것'을 찾아 지속적으로 변화합니다.

스판덱스 역시 증가한 수요를 공급이 따라가지 못하면서 가격이 크게 상승했지만 이것은 일시적인 현상일 수 있습니다. 효성티앤씨에서 증설을 하거나 중국에 있는 화학 업체에서 새로이 스판덱스 사업을 시작하면 단가가 떨어질 수 있습니다. 그렇기에 업종 전체의 관점에서 글로벌 시장의 움직임을 확인하고 경쟁 업체의 증설 이슈나 스판덱스의 가격 변동을 보면서 비교적 조심스럽게 매수와 매도를 선택해야 합니다.

참고로 효성티앤씨가 속한 화학 업종은 전통적으로 3~4% 수준의 배당을 줄 것이라 기대하는 업종입니다. 3만 원의 배당이 지급된다고 가정했을 때 다시 한번 목표 주가를 계산해보겠습니다. 목표 배당률을 3%로 계산하면 약 100만 원의 주가를 기대할 수 있고, 4%의 배당률로 계산하면 75만 원 전후의 목표 주가를 설정할 수 있겠죠.

$$\frac{100\%}{3\%} \times 3만\ 원 = 100만\ 원$$

$$\frac{100\%}{4\%} \times 3만\ 원 = 75만\ 원$$

향후 효성티앤씨의 실적이 더욱 성장하면 목표 주가는 더 오를 수 있습니다. 다만 '돈이 되는 사업'이기에 더 많은 경쟁 업체가 스판덱스를 생산하려고 할 것이고 이것은 자칫 잘못하면 '공급 과잉'으로 이어져 큰 폭의 적자를 기록할 수도 있습니다. 이것은 대부분의 제조업이 겪는 고질적인 문제이니 제조 기업에 관심이 있다면 꼭 고려해야 하겠습니다.

반도체와 삼성전자

마지막으로 '숲'의 관점에서 접근이 필요한 종목을 하나 더 생각해 보겠습니다. 코스피의 가장 큰 형님인 삼성전자입니다. 삼성전자는 모두 알고 있듯이 '메모리 반도체' 실적이 가장 우수한 기업입니다. 물론 메모리 반도체 이외에도 스마트폰 갤럭시 시리즈, 또다른 매출 성장을 만들어낸 가전제품 브랜드 비스포크, 전 세계에서 TSMC을 제외하고 유일하게 **10nm**[65] 이하 반도체 미세 공정이 가능한 파운드리 사업부, 소형 OLED 시장 글로벌 1위인 비상장 자회사 삼성디스플레이 등 다양한 포트폴리오로 구성된 기업입니다. 그러나 누가 뭐래도 삼성전자의 가장 큰 매출원은 메모리 반도체이고 메모리 반도체 가격에 따라 영업 이익률이 크게 변합니다.

....

65) Nanometer. 10억분의 1m.

주요재무정보	최근 연간 실적				최근 분기 실적					
	2018.12	2019.12	2020.12	2021.12(E)	2020.03	2020.06	2020.09	2020.12	2021.03	2021.06(E)
	IFRS 연결	IFRS 연결	IFRS 연결	IFRS 연결	IFRS 연결	IFRS 연결	IFRS 연결	IFRS 연결	IFRS 연결	IFRS 연결
매출액(억원)	2,437,714	2,304,009	2,368,070	2,752,561	553,252	529,661	669,642	615,515	653,885	612,813
영업이익(억원)	588,867	277,685	359,939	531,642	64,473	81,463	123,532	90,470	93,829	109,741
당기순이익(억원)	443,449	217,389	264,078	401,903	48,849	55,551	93,607	66,071	71,417	84,950
영업이익률(%)	24.16	12.05	15.20	19.31	11.65	15.38	18.45	14.70	14.35	17.91
순이익률(%)	18.19	9.44	11.15	14.60	8.83	10.49	13.98	10.73	10.92	13.86
ROE(%)	19.63	8.69	9.98	14.31	8.45	8.49	9.51	9.98	10.79	

삼성전자 재무제표, 출처: 네이버 금융

삼성전자 같은 글로벌 기업 중에서 이만큼이나 영업 이익이 급격하게 변하는 기업은 별로 없습니다. 2018년 24%가 넘던 영업 이익률이 2019년 1년 만에 절반 수준인 12%로 줄어든 것을 확인할 수 있습니다. 이후에도 꾸준히 영업 이익이 증가하고 있지만 많은 전문가들은 2022년 혹은 2023년에 삼성전자와 SK하이닉스, 마이크론 등의 '새로운 생산 시설'이 가동되면 또다시 영업 이익이 감소할 수 있다고 경고합니다.

숲의 관점에서 전 세계에 필요한 메모리 반도체의 총 수요와 주요 생산 기업들이 생산하는 총 공급량의 균형을 기준으로 삼아야 합니다. '수요가 공급을 앞선 시장'이 조성되면 관련 기업들의 영업 이익이 증대되고, '공급이 수요를 앞선 시장'이 되면 관련 기업들의 영업 이익이 감소할 수 있습니다. 마찬가지로 영업 이익이 증가하는 구간에서는 주가 상승을 기대할 수 있지만, 향후 영업 이익이 감소하게 될 것이라는 전망이 나오면 주가는 상승하기 어렵죠.

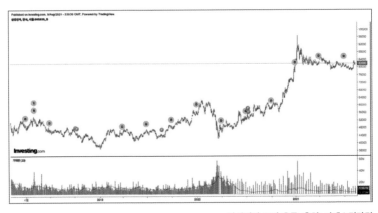

2018년 삼성전자의 영업 이익은 역대 최고 수준이었지만 주가는 1년 내내 하락하는 모습을 보였다는 것이 대표적인 사례입니다. '올해는 최고였지만 그 다음 해인 2019년에는 영업 이익률이 하락할 것'이라는 생각이 선반영된 것인데요, 이 부분은 많은 투자자들이 다소 지나치지 않았나 생각하는 부분이기도 합니다. 이런 모든 상황이 주식 투자가 어렵게 느껴지는 이유겠죠.

이렇듯 어떤 기업에 투자하기 전에 해당 기업의 주가에 영향을 미칠 수 있는 다양한 인자들에 대한 정보를 얼마나 정확하게 찾고 효과적으로 분석하느냐에 따라 주식의 수익률은 극명하게 달라질 수 있습니다. 수익률을 끌어올리려면 주식 시장의 본질이라고 할 수 있는 차트 분석 외에도, 숲에 대한 이해가 반드시 필요합니다. 숲에 포함되는 정보는 방금 살핀 업황 외에도 다양합니다. 주요 글로벌 기업에 발생한 정전, 지진, 산사태, 홍수 등의 천재 지변(수요가 급격히 줄어들면서 가격이 상승할 수 있음), 2021년의 수에즈 운하 마비 사고(과부화된 해운 물동량을 더욱 가중시키면서 해운 운임의 폭발적인 상승을 야기함), 미국 중앙은행의 테이퍼링과 기준금리 인상(소문이 들려도 주식 시장이 크게 흔들리는 경우가 많음) 등이 대표적인 사례죠.

　이러한 대외 정보를 분석하고 투자하는 이들을 '거시적 투자자'라고 칭하기도 합니다. 다만 이러한 거시 정보를 전문적으로 공부한 경제학자 중에는 주식 시장에서 크게 성공한 인물을 찾기 힘듭니다. 그런 점에서 한 가지만 전문적으로 파기보다 경제와 차트, 수급, 이슈, 심리 모두를 두루 이해하는 자세가 필요하겠습니다. 다시 말해 "숲을 먼저 보고 나무를 보아라."라는 격언은 "차트만 공부하지 말고 경제도 공부하라."라는 말로 마무리할 수 있겠습니다.

— 07 —
주식 투자는
유연성이 필요하다

마지막으로 생각할 격언은 유연성에 대한 것입니다. 필자는 주식 앱을 열 때 항상 이런 생각을 합니다.

'나는 박쥐다.'

유튜브나 아프리카TV 라이브 방송에서도 항상 반복하는 문장입니다. 무슨 말이냐고요? 말 그대로 언제든 변할 수 있다는 것입니다. 어제 A기업을 보고 '이 기업은 절대 매수하지 않을 거야.'라고 생각했더라도, 새로운 뉴스, 공시, 호재가 보이면 다시 원점에서 기업을 분석해야 성공적인 투자자가 될 수 있습니다. 시장에는 매 순간 새로운 뉴스가 나오고 매분 매초 몇천억, 몇십조 원의 돈이 움직이기 때문에 그날그날 시장 분위기가 다릅니다. 오전과 오후의 시장 분위기조차 다른 변화무쌍한 곳입니다.

그러니 처음에 부정적으로 본 기업도 2배, 3배 상승할 호재가 있다면 적극적으로 매수해야 합니다. 반대로 평소 정말 좋아하는 기업이어도 악재가 터진다면 냉정하게 손절할 용기도 필요합니다. 그런 의미에서 필자는 주식 차트 앞에서는 박쥐 같은 사람이 되는데요, 이것은 장기 투자에 있어서 정말 중요한 요소라고 생각합니다. 성리학을 숭상한 조상의 사상을 받들어 법 없이도 살 대쪽 같은 사람이 있다고 가정해 보겠습니다. 안타깝지만 이렇게 매사 타협이 없고 올바른 선택을 추구하는 위인은 주식 시장에서 호구가 되거나 시장 수익률을 하회하는 투자자가 될 가능성이 높습니다. 내가 옳다고 판단한 기업에만 투자하면 결국 시장 흐름에 역행할 가능성이 높아질 수 있습니다. 가끔은 터무니없는 기업이 상승하기도 하고 절대 움직이지 않을 것 같던 기업의 주가가 오르기도 합니다.

유연한 태도＋대쪽 같은 철학

그렇다고 박쥐처럼 A기업을 보유하고 있다가 B기업이 움직이는 것 같아서 A를 팔고 B를 사는 전략을 취하라는 것이 아닙니다. 시장에 유연하게 대처하되 기저에는 '대쪽 같은 투자 철학'을 깔고 있어야 합니다. 그런데 방금 대쪽 같으면 호구가 된다고 해놓고, 대쪽 같은 투자 철학이 필요하다고 말하니 앞뒤가 안 맞는 모순처럼 느

꺼질 텐데요, 이 말의 뜻은 다음과 같습니다.

필자는 기업을 분석할 때 가장 중요한 투자 지표로 '주주 환원 정책'과 '영업 이익률'을 꼽습니다. 2가지를 동시에 반영하는 지표로 는 ROE를 활용합니다. 이러한 지표를 보는 투자는 비교적 장기 투자를 염두에 두고 접근하는 방식인데요, 2~3%의 단기 수익을 바라 기보다는 연평균 20%, 30%의 장기 수익을 바라고 접근합니다. 그 런데 이런 투자 철학을 바탕으로 시장에 접근한 투자자가 갑자기 분봉과 거래량, 이슈를 중심에 두고 빠르게 매수와 매도를 하는 **스 캘핑**[66] 투자에 도전했다고 해보죠. 이것은 마치 경차를 운전하던 운전자가 F16 전투기 콕핏에 앉아있는 모양새와 다름이 없습니다.

반대로 매일 이슈를 보며 시가총액이 작은 기업들의 거래량을 좇아 호흡이 매우 빠른 투자를 하는 사람이 있다고 칩시다. 이러한 투자자에게는 기업 실적 전망치보다 '직전 최고 거래량'과 '이슈'의 유무, '전고점'의 가격, '심리적 저항선'이 더욱 중요합니다. 만약 이 런 초단기 매매 투자자가 삼성전자를 매수한다면? 1조 원에 가까 운 거래 대금에도 하루 0.5%, 1%씩 움직이는 주가 차트를 보면서 답답함을 느끼다 손절하겠죠.

세상에는 78억 명이 넘는 사람이 있습니다. 그리고 한 사람, 한 사람의 경험과 생각은 모두 다르죠. 절대적으로 옳은 투자 방법은 없습니다. 워런 버핏과 같은 기업을 매수해도 본인의 결정에 따라

---

66) Scalping, 초단타 매매.

엄청난 손실을 볼 수도 있고, 반대로 버핏보다 더 높은 수익률을 기록할 수도 있습니다. 중요한 것은 스트레스를 통제하고 본인이 목표로 삼은 수익률에 만족할 수 있어야 한다는 점입니다. 본인의 수익률이 만족스럽지 않다면 노력을 통해 부족한 점을 채워나가야 합니다.

그런데 이 과정에서 "남들이 이렇게 해서 돈을 벌었다더라." 혹은 "이 사람 수익률이 좋다는데, 이 사람이 말하는 대로 투자하면 안 될까?"라며 휘둘리기 쉽습니다. 이것은 유연하다기보다는 책임을 회피하는 무서운 사고방식에 가깝습니다. 이 책을 여기까지 읽은 분들은 적어도 "스스로 내 자산을 운용하고 싶다."라는 마음으로 자산 시장에 접근했을 거라 생각합니다.

그런 점에서 주체적인 박쥐가 되어야 합니다. 필자의 경험에 비추어 볼 때, 주식 시장에서 성공하기 위해 가장 필요한 것은 '기회주의자'가 되는 것입니다. 시드머니가 작을 때 주어지는 기회와 시드머니가 클 때 잡을 수 있는 기회는 같을 수 없습니다. 시가총액이 작은 중소기업에 투자할 때와 대기업에 투자할 때의 수익도 같을 수 없죠. 한국 시장에서 찾을 수 있는 기회와 미국 시장에서 찾을 수 있는 기회 역시 다릅니다. 금융주에 기대할 수 있는 기회는 네이버, 카카오에서 기대할 수 있는 기회와 같을 수 없죠. 그렇기에 매수 버튼을 누르는 순간마다 새로운 출발점에서 여행을 시작하는 여행자의 마음을 가져야 합니다. 바로 이런 마음가짐이 "주식 투자는 절대적 유연성이 필요하다."라는 격언의 의미라고 생각합니다.

텐배거의 꿈, 그렇게 해서 언제 부자가 되나요?

이 글을 읽는 분들은 모두 주식 투자와 자산관리에 관심이 있을 것이라 생각합니다. 모두 '부자'가 되기 위해서 공부하고 노력하는 사람들이죠. 필자는 이 책을 통해 자산 투자에 앞서 반드시 알아야하는 경제 상식을 전하고 싶었습니다. 또한 평소에도 상담을 진행하며 설파해온 '절대 해서는 안 되는 실수' 혹은 '반드시 필요한 멘탈 관리 방법'도 책에 담았습니다.

주식 투자를 시작할 때 많은 분이 그리는 청사진이 있습니다. 주식 호가창에서 매일 1%, 5%, 10%씩 상승하는 주식을 보고 있노라면 "나도 금방 부자가 될 수 있다."라는 환상에 젖습니다. 욕심 부리지 않고 하루 1%씩만 내 시드머니를 불리면 지금 100만 원을 갖고 있어도 1년 뒤면 상상하기 힘든 수익률을 기록할 수 있습니다.

$$100만 원 \times (1.01)^{240} = 1,089만 \ 2,553.65원$$

그러니까 1년을 240일(휴일 제외)로 계산하고 매일 1%의 수익을 쌓아나가면 10배의 수익률을 얻을 수 있는 것이죠. 주식 시장에서 10배는 상징적인 수치입니다.

'텐배거$^{Ten\ bagger}$'라는 용어가 10배의 수익률을 의미하는 꿈의 단어로 사용됩니다. 매일 1%면 하나의 종목이 아니라 내 계좌 전체를 텐배거로 만들 수 있습니다. 그러나 꿈의 단어라고 표현할 만큼 이런 목표는 성공 확률이 낮습니다. 주식 시장의 이해도가 정말 높아야 가능한 수익률이죠.

여기서부터 실전 투자와 청사진의 괴리감이 발생합니다. 주식 투자를 처음 시작하고 많은 투자자가 하루 1%라는 목표를 뛰어 넘는 수익을 내며 만족스러운 투자를 이어나갑니다. 심지어 일주일, 한 달, 한 분기 동안 꾸준히 수익을 내며 "나는 주식을 잘한다."라고 오해하죠. 문제는 그때부터 시작됩니다.

간혹 "삼성전자가 3% 상승했다." "SK하이닉스가 신고가를 달성했다." "한국의 수출 실적이 역대 최대치다." "20대에 페라리를 타고 다니는 주식 부자가 탄생했다." 등의 뉴스를 보고 주식 시장에 참여하는 경우가 있습니다. 이렇게 모인 투자자들이 1명, 10명, 100명, 1만 명이 되면서 시장에 새로운 돈이 공급되고 상승에 상승을 거듭하는 모습이 연출되죠. 하지만 어느 순간부터 내가 투자하던 습관과 패턴이 무너지는 상황이 발생합니다. 매도하지 못한 주식의 수익률이 마이너스 두 자리를 기록하면서 "주식 투자는 어렵다."라고 여깁니다.

바로 이때 투자자들의 방향성이 갈립니다. 어떤 투자자들은 투자 초기의 '성공'을 잊지 못해 더 많은 돈(혹은 빚)을 주식 계좌로 이체해 소위 말하는 '물타기[67)]'를 하죠. 반면 어떤 이들은 실패 원인을 찾기 위해 정보를 검색하고 시장 환경을 분석하면서 경제를 공부하기 시작합니다. 과연 누가 더 높은 수익률을 얻게 될까요?

우리는 성공한 투자자를 많이 알고 있습니다. 워런 버핏을 모르는 주식 투자자는 아무도 없을 것이고, 그의 멘토이자 파트너인 찰리 멍거Charles Munger 역시 한 번쯤은 들어보았을 것입니다. 영화 <빅쇼트>의 실제 주인공으로 유명한 마이클 버리Michael Burry 역시 2020년에 많은 사람이 검색한 인물이었고, '돈나무' 언니로 불리는 캐시 우드(캐서린 우드)Catherine Wood도 코로나19 위기 전후 성공적인 투자를 이룬 사람으로 알고 있습니다. 이 많은 투자자들의 공통점은 무엇일까요?

명확한 투자 철학을 가지고, 경제를 분석하면서 떠올린 투자 아이디어를 목표 수익이 발생할 때까지 실행하며 검증에 검증을 반

---

67) 매입한 주식의 가격이 하락할 때 추가로 매입해 평균 매입 단가를 낮추려는 행위.

복한다는 것입니다. 호가창만 보고 매수와 매도를 반복하는 것이 아니라, 기업을 분석하고 통화 정책과 국가 제도의 변화에 더욱 민감하게 반응하며 섹터 전체의 장기 흐름을 좇아 자산 투자 비율을 조절하는 데 우선순위를 두는 것이죠.

이런 이야기를 하면 대부분의 투자자는 "그렇게 해서 언제 부자가 되나요?"라고 반문합니다. 나의 작고 귀여운 시드머니를 하루라도 빨리 키워서 억대 자산가, 10억대 자산가가 된 이후 위대한 투자자들의 투자 방법을 따라 하면 되지 않느냐고 이야기하죠. 그러나 "세 살 버릇 여든까지 간다."라는 속담이 있습니다. 주식 시장에 입문하면서 투자보다 거래를 중심으로 목표 수익을 달성한 분들은 본인이 상상했던 시드를 만들게 되어도 결국 '초기 투자 습관'으로 돌아갈 수밖에 없습니다.

물론 매매 중심의 투자에서 큰 수익을 거둘 수 있는 DNA를 가진 소수의 투자자가 있습니다. 매일 이슈를 추적하고 섹터별 거래량을 보면서 차트 분석과 빠른 판단으로 당일 매수와 당일 매도 전략을 통해 수익을 쌓을 수 있는 능력이 있는 분들이죠. 그러나 지난 10년간 지켜본 대부분의 일반 투자자들은 잘하면 본절, 못하면 손절하는 경우가 대부분이었습니다.

게다가 2020년 역대급 상승률을 보여주었던 신풍제약의 경우, 어떤 투자자들에게는 새로운 삶을 찾아준 고마운 기업이 되었지만 어떤 투자자들에게는 많은 돈을 빼앗거나 묶어놓은 원망스러운 기업으로 기억됩니다. '비트코인' 역시 다르지 않았습니다. 저금리 정책이라는 시대적 흐름과 함께 '자산 버블', '새로운 경제' 등의 이야기가 나오던 시기에 대체재로 떠오른 비트코인이 무서울 정도로 급등하며 새로운 부자를 만들어냈습니다. '1,000만 원으로 10억 만드는 방법'과 유사한 제목의 영상들이 급속도로 퍼졌고, 너도나도 부자가 되기 위해 암호화폐 투자를 시작했습니다.

이런 흐름 속에 돈을 번 사람도 분명히 있습니다. 그렇지만 이러한 투자 방식에는 가장 중요한 한 가지가 빠져있습니다. 바로 '실력'입니다. 여기서 말하는 실력은 '고점'을 찾을 수 있는 '경제적 지식'을 말합니다. 자산 시장이 상승하는 구간에서 투자한 사람들은 누구나 수익을 올릴 수 있습니다. 세상의 주목을 받는 기업 역시 시장의 호응에 힘입어 더 높이 솟아오를 수 있죠. 암호화폐, NFT[68] 등의 가상 자산 역시 수많은 신규 투자자들의 자금이 쏟아져 들어오면서 자연스럽게 거래량이 폭발하고 돈의 회전이 빨라지면서 수익이 넘칠 수 있습니다. 그러나 이후에 스스로 고점을 찾는 능력은 쉽게 얻을 수 없습니다.

투자 시장을 지배하는 절대적인 원리가 있습니다. 그것은 바로 '숫자'입니다. 기업의 실적, 매수와 매도의 거래량, 주식의 수요와 공급이라는 숫자를 통해서 주식의 가격이 결정됩니다. 매년 혹은

---

68) Non-Fungible Token, 대체 불가능한 토큰이라는 뜻으로, 복제가 불가능하다는 희소성을 가진 디지털 자산.

매 분기 중앙은행, IMF, WTO 등에서는 경제 성장률, 금리, 실적 전망, 목표 주가와 같은 숫자를 발표합니다.

MTS 또는 HTS를 통해 주식 투자를 할 때도 PER이나 PBR, PSR, ROE, 배당률, 부채 비율, 유보율, 매출, 영업 이익, 순이익 등 다양한 숫자를 접합니다. 여기서부터 대부분의 투자자는 '멘붕'을 겪습니다. 유튜브에도 어려운 설명밖에 없고, PER은 15가 적당하다고 했는데 내가 투자하는 기업은 PER이 50인 상황에서 과감히 손절했더니 20~30% 상승해버리는 어처구니없는 상황도 많이 발생합니다. 이런 상황을 방지하기 위한 실력이 필요합니다.

실력을 기르는 방법은 여러 가지입니다. 스캘핑이라고 부르는 초단타 투자 방법도 있고, 스윙처럼 시장 시스템에 따라 자연스럽게 발생하는 등락을 차곡차곡 수익으로 쌓는 투자법도 있죠. 몇 개 혹은 몇십 개의 숫자를 활용해 공식에 맞춰 자동으로 매수·매도를 진행하는 퀀트Quant 투자도 인기입니다. ETF를 활용해 개별 기업이 아니라 섹터 전체에 투자하는 방법도 있습니다. 정답은 없습니다. 투자 방법을 고민하기 전에 먼저 스스로가 투자를 시작할 준비가 되었는지가 제일 중요합니다. 그다음에 자신에게 맞는 투자 방법을 찾고 변화하는 시장에 맞춰 실력을 길러야 합니다.

투자는 결국 손실이 생길 리스크를 감수하고 남들보다 자산 증식 속도를 높이기 위한 행위입니다. 그를 위해 공부하고, 남들과 경쟁하며, 욕심을 부리죠. 하지만 무엇보다 중요한 것은 스스로 스트레스를 통제하며 투자를 지속할 수 있는 방법을 찾는 것입니다. 남들보다 느려도 안전한 투자를 원하는 사람이 있는 반면, 남들보다 위험하지만 높은 수익을 원하는 사람도 있습니다. 문제는 남들보다 안전하지만 높은 수익을 원하거나 높은 수익이 보장되는 투자를 원하는 경우입니다. 그래서 '유료 리딩' 서비스 결제를 하고, '고수익'을 올린 사람을 찾으며, '확실하다'는 투자에 홀리는 것이죠.

필자는 매일 밤 라이브 방송에서 그런 분들에게 이렇게 말합니다. "정말로 확실하게 돈이 복사된다면 왜 남에게 알려줄까요?" 주식 시장은 남의 돈을 내가 얼마나 가져올 수 있는지를 두고 싸우는 전쟁터입니다. 물론 기업이 돈을 벌고 성장하는 과정에서 기업의 이익을 나누는 것이 사전적 의미의 투자죠. 그러나 대부분의 한국 투자자는 그런 '지루한' 투자를 선호하지 않습니다. 공부조차 하기 싫어하는 경우가 많죠.

'차트'만 공부해서 돈을 벌 수 있다면 모두가 그것만을 외칠 것입니다. '경제'만 공부해서 돈을 벌 수 있다면 모두가 경제학자가 되어있겠죠. '시장'은 판매자와 구매자가 만나 서로가 원하는 것을 교환하는 열린 플랫폼입니다. 과거의 창구 매도가 온라인으로 전면 전환된 이후, 주식 시장에는 매 순간 몇억 명의 투자자가 각자의 이익을 위해 뛰어들고 있습니다. 사람이 모인 곳이니 '심리'에 민감하게 반응할 수밖에 없습니다. 예상 외의 상승을 보면서 '기대감'이라는 표현을 하고, 예상 외의 하락을 보면서 '선반영'이라는 표현을 씁니다.

이런 하나하나의 이벤트에 흔들리지 않는 '멘탈'을 갖추는 사람이 장기 투자에서 승리할 수밖에 없습니다. 본인이 계산한 대로 흘러가더라도 그것은 '운이 좋아서' 성공한 것이라는 겸손함과, 계산한 대로 흘러가지 않는다면 '틀린 투자'인지 '시간이 필요한 투자'인지를 구분할 수 있는 경험치를 쌓아야 합니다. 이것이 주식 시장에서 살아남기 위한 가장 근본적인 자세라고 생각합니다.

정말 기본기라고 생각하는 부분조차 아직 모르는 분들이 많다는 것이 아쉬워서 자꾸 긴 말을 남기게 됩니다. 매일 밤 라이브로 소통하던 여러분에게 이 내용이 어떻게 닿았을지 모르겠습니다. 항상 성공할 수는 없겠지만 결국 성공하는 투자자가 되면 좋겠습니다.

테이버(김태형)

머니카피

초판 1쇄 발행 2022년 2월 16일

지은이 테이버(김태형)
브랜드 경이로움
출판 총괄 안대현
기획·책임편집 오혜미
편집 김효주, 박수현, 오승희
본문디자인 김예은　**표지디자인** 양희아

발행인 김의현
발행처 사이다경제
출판등록 제2021-000224호.(2021년 7월 8일)
주소 서울특별시 강남구 테헤란로 33길 13-3, 2층(역삼동)
홈페이지 cidermics.com
이메일 gyeongiloumbooks@gmail.com(출간 문의)
전화 02-2088-5754　**팩스** 02-2088-5813
종이 다올페이퍼　**인쇄** 천일문화사
ISBN 979-11-975636-4-5(03320)